AF747293

Examens par les pairs du droit et de la politique de la concurrence de l'OCDE : Thaïlande

OCDE
DES POLITIQUES MEILLEURES
POUR UNE VIE MEILLEURE

Cet ouvrage est publié sous la responsabilité du Secrétaire général de l'OCDE. Les opinions et les arguments exprimés ici ne reflètent pas nécessairement les vues officielles des pays Membres de l'OCDE.

Ce document, ainsi que les données et cartes qu'il peut comprendre, sont sans préjudice du statut de tout territoire, de la souveraineté s'exerçant sur ce dernier, du tracé des frontières et limites internationales, et du nom de tout territoire, ville ou région.

Merci de citer cet ouvrage comme suit :
OCDE (2025), *Examens par les pairs du droit et de la politique de la concurrence de l'OCDE : Thaïlande*, Examens du droit et de la politique de la concurrence, Éditions OCDE, Paris, https://doi.org/10.1787/0018a3db-fr.

ISBN 978-92-64-64812-8 (imprimé)
ISBN 978-92-64-85167-2 (PDF)
ISBN 978-92-64-83286-2 (HTML)

Examens du droit et de la politique de la concurrence
ISSN 2220-7775 (imprimé)
ISSN 2220-9166 (en ligne)

Crédits photo : Couverture © Al Gonzalez/Getty Images.

Les corrigenda des publications de l'OCDE sont disponibles sur : https://www.oecd.org/fr/publications/support/corrigenda.html.

© OCDE 2025

Attribution 4.0 International (CC BY 4.0)

Cette œuvre est mise à disposition sous la licence Creative Commons Attribution 4.0 International. En utilisant cette œuvre, vous acceptez d'être lié par les termes de cette licence (https://creativecommons.org/licenses/by/4.0/).

Attribution – Vous devez citer l'œuvre.

Traductions – Vous devez citer l'œuvre originale, identifier les modifications apportées à l'original et ajouter le texte suivant : *En cas de divergence entre l'œuvre originale et la traduction, seul le texte de l'œuvre originale sera considéré comme valide.*

Adaptations – Vous devez citer l'œuvre originale et ajouter le texte suivant : *Il s'agit d'une adaptation d'une œuvre originale de l'OCDE. Les opinions exprimées et les arguments utilisés dans cette adaptation ne doivent pas être rapportés comme représentant les vues officielles de l'OCDE ou de ses pays Membres.*

Contenu provenant de tiers – La licence ne s'applique pas au contenu provenant de tiers qui pourrait être incorporé dans l'œuvre. Si vous utilisez un tel contenu, il relève de votre responsabilité d'obtenir l'autorisation auprès du tiers et vous serez tenu responsable en cas d'allégation de violation.

Vous ne devez pas utiliser le logo de l'OCDE, l'identité visuelle ou l'image de couverture sans autorisation expresse ni suggérer que l'OCDE approuve votre utilisation de l'œuvre.

Tout litige découlant de cette licence sera réglé par arbitrage conformément au Règlement d'arbitrage de la Cour permanente d'arbitrage (CPA) de 2012. Le siège de l'arbitrage sera Paris (France). Le nombre d'arbitres sera d'un.

Avant-propos

Les examens par les pairs reposent sur la volonté d'un pays de soumettre sa législation et ses politiques à un examen de fond par d'autres membres de la communauté internationale de la concurrence. Ce processus apporte des éclairages précieux au pays étudié et favorise la transparence et la compréhension mutuelle dans l'intérêt de tous. Un consensus international se dégage sur les meilleures pratiques en matière d'application du droit de la concurrence et sur l'importance d'engager des réformes favorables à la concurrence. Les examens par les pairs constituent un volet essentiel de ce processus, ainsi qu'un outil important pour renforcer les institutions chargées de la concurrence. Des institutions de la concurrence fortes et efficaces peuvent promouvoir et protéger la concurrence dans l'ensemble de l'économie, ce qui accroît la productivité et les performances économiques globales.

Un examen par les pairs est un processus en deux étapes : premièrement, le Secrétariat de l'OCDE produit un rapport sur l'état actuel du cadre de la concurrence du pays et de ses pratiques d'application ; et deuxièmement, un examen par les pairs fondé sur ce rapport est réalisé soit par le Comité de la concurrence, soit par le Forum mondial de l'OCDE sur la concurrence.

Cet examen par les pairs s'inscrit dans le cadre de la Phase II du Programme-pays OCDE-Thaïlande, dans le but de soutenir les efforts déployés par la Thaïlande pour parvenir à un développement plus inclusif et plus durable.

Ce rapport de l'OCDE a servi de base à l'examen par les pairs qui s'est déroulé lors du Forum mondial de l'OCDE sur la concurrence le 3 décembre 2024, en présence des examinateurs principaux. Les examinateurs principaux étaient Dongryeul Shin (Directeur général du Bureau de la politique de la concurrence, Commission coréenne de la concurrence), Alvin Koh (Directeur général, Commission de la concurrence et de la consommation de Singapour) et Hanna Witt (Directrice générale par intérim, Autorité suédoise de la concurrence). La délégation représentant la Thaïlande lors de la session consacrée à l'examen par les pairs était conduite par : Pattama Teanravisitsagool (Commissaire, Commission de la concurrence commerciale de Thaïlande – TCCT), Visanu Vongsinsirikul (Secrétaire général, TCCT), Nynnart Gerdlarpon (Chef de la Sous-division du développement des enquêtes, TCCT), Piyapat Tubin (Chef de la Sous-division 2 des enquêtes, TCCT), Latthaphon Wonganan (analyste de la concurrence commerciale, TCCT) et Kantika Khanthawithoon (analyste de la concurrence commerciale, TCCT), Sarun Charoensuwan (ambassadeur de Thaïlande en France) et Chittrapon Lerttaweewit (conseiller, ambassade de Thaïlande en France).

Les recommandations précises ont été élaborées par les examinateurs principaux, examinées lors du Forum mondial de l'OCDE sur la concurrence le 3 décembre 2024 et approuvées selon la procédure écrite le 6 janvier 2025. Elles sont incluses dans un chapitre distinct du présent rapport.

Ce rapport a été préparé par Alessandra Tonazzi et Marcelo Guimarães (tous deux de la Division de la concurrence de l'OCDE) avec le soutien de Peerapat Chokesuwattanaskul (professeur adjoint de droit, Université Chulalongkorn, Thaïlande). Ori Schwartz, Antonio Capobianco, Despina Pachnou, Aura García Pabón et Connor Hogg (tous membres de la Division de la concurrence de l'OCDE) ont apporté de précieuses contributions. Ce rapport a été préparé pour publication par Erica Agostinho.

Le processus d'examen par les pairs a été largement soutenu par Akarapon Houbcharaun, Palida Puangsuk, Watcharaporn Tiangsrikliang et Latthaphon Wonganan de la Commission de la concurrence commerciale de Thaïlande.

Table des matières

GRAPHIQUES

TABLEAUX

Sigles et abréviations

AANZFTA	Zone de libre-échange ASEAN-Australie-Nouvelle-Zélande
AEC	Communauté économique de l'ASEAN
AFAC	Accord-cadre de l'ASEAN sur la concurrence
AOT	Airports of Thailand Public Company Limited
ASEAN	Association des nations de l'Asie du Sud-Est
BMA	Bangkok Metropolitan Administration
BOT	Banque de Thaïlande
CCI	Centre du commerce international
CNUCED	Conférence des Nations Unies sur le commerce et le développement
DIT	Département du commerce intérieur du ministère du Commerce
ERC	Commission de régulation de l'énergie
FMC	Forum mondial sur la concurrence
NACC	Commission nationale de lutte contre la corruption
NBTC	Commission nationale de la radiodiffusion et des télécommunications
NESDB	Bureau du Conseil national du développement économique et social
OCPB	Bureau du Conseil de la protection des consommateurs
OIC	Bureau de la Commission des assurances
OSMEP	Bureau de la promotion des PME
PA	Protocole d'accord
PME	Petites et moyennes entreprises
RCEP	Partenariat économique régional global
RIC	Réseau international de la concurrence
TAI	Institut d'arbitrage thaïlandais
TCA	Loi sur la concurrence commerciale
TCC	Commission de la concurrence commerciale
TCCT	Commission de la concurrence commerciale de Thaïlande
Tribunal IPIT	Tribunal de la propriété intellectuelle et du commerce international

Résumé

Le présent rapport est l'aboutissement de l'examen par les pairs du droit et de la politique de la concurrence de la Thaïlande. Il présente les principales conclusions du panorama actuel du droit et de la politique de la concurrence en Thaïlande et s'achève sur des recommandations formulées par les examinateurs principaux et débattues lors de l'examen par les pairs, réalisé dans le cadre de l'édition 2024 du Forum mondial de l'OCDE sur la concurrence.

En 2017, la Thaïlande a adopté une nouvelle loi sur la concurrence commerciale, portant création d'une autorité de la concurrence indépendante, la Commission thaïlandaise de la concurrence commerciale (TCCT), et couvrant les domaines traditionnels du droit de la concurrence. Toutefois, les institutions chargées de faire appliquer le droit de la concurrence, en particulier la TCCT, sont confrontées à des difficultés considérables en termes de ressources budgétaires et humaines. La loi sur la concurrence commerciale exclut certaines opérations de son champ d'application, y compris les entreprises publiques et les secteurs réglementés dans des circonstances spécifiques. Par ailleurs, les ententes injustifiables et l'abus de position dominante relèvent exclusivement de la procédure pénale, ce qui complique la collecte de preuves suffisantes pour établir l'existence d'une affaire. En outre, la Thaïlande dispose de régimes de contrôle des fusions ex ante et ex post, avec des seuils de notification différents. Toutefois, la TCCT ne peut intervenir que dans le cadre du régime ex ante, n'ayant aucun pouvoir pour le contrôle des fusions ex post, même lorsque les fusions sont jugées anticoncurrentielles.

L'application du droit de la concurrence n'en est qu'à ses débuts en Thaïlande. L'OCDE n'a pas été en mesure d'obtenir des informations cohérentes sur le nombre total d'infractions, mais elle a confirmé que ce nombre est faible. La TCCT a examiné 12 fusions dans le cadre du régime ex ante et imposé des mesures correctives comportementales dans trois de ces affaires. En outre, la sensibilisation aux questions de concurrence reste un défi, malgré les efforts déployés par la TCCT pour promouvoir la concurrence en Thaïlande.

Les recommandations concernent le cadre institutionnel et juridique, l'application du droit de la concurrence, ainsi que la promotion de la concurrence et la coopération institutionnelle. Elles proposent des pistes que la Thaïlande pourrait envisager de suivre afin d'améliorer son droit et sa politique de la concurrence.

Recommandations principales

Champ d'application

- Veiller à ce que toutes les entreprises soient soumises à des règles de concurrence équivalentes, indépendamment de leur structure de propriété, de leur localisation géographique ou de leur forme juridique, et en particulier à ce que :
    - les entreprises publiques exerçant des activités économiques soient soumises au droit de la concurrence ;

  - toutes les entités exerçant des activités économiques, y compris les organisations à but non lucratif, les associations d'entreprises et les sociétés de holding, soient soumises au droit de la concurrence ;
  - le droit de la concurrence revête une portée extraterritoriale afin de pouvoir l'appliquer aux pratiques commerciales ayant lieu à l'extérieur de la Thaïlande et produisant des effets dans le pays.
- Mettre en place un cadre juridique général de la concurrence qui recouvre les règles de fond et les règles procédurales et qui s'applique uniformément à tous les secteurs. Préciser les entités chargées de l'application du droit de la concurrence dans les différents secteurs (à savoir la TCCT ou les régulateurs sectoriels).

Budget, ressources humaines et dispositif institutionnel

- Réaffecter les ressources de la TCCT en réorganisant sa structure institutionnelle et en augmentant les ressources consacrées à l'application du droit de la concurrence.
- Veiller à ce que le budget de la TCCT soit au moins équivalent à celui des juridictions comparables.
- Envisager de supprimer les sous-commissions d'enquête, en veillant à ce que les enquêtes soient menées uniquement par le personnel de la TCCT.

Transparence et équité procédurale

- Publier les faits (y compris le nom des parties), le fondement juridique et les sanctions pour toutes les décisions, tout en protégeant les informations confidentielles.
- Établir des règles procédurales claires pour toutes les enquêtes portant sur des comportements anticoncurrentiels, en précisant ce dont les parties visées par l'enquête doivent être informées et à quelle étape de la procédure. Ces informations devraient inclure les points de fait et de droit, les préoccupations au regard de la concurrence et les éléments de preuve collectés ou reçus par la TCCT, sous réserve de la protection des informations confidentielles et de celles relevant du secret professionnel.
- Pour les affaires de fusion, établir des règles procédurales claires pour garantir que les parties à l'opération aient la possibilité d'obtenir en temps opportun des informations suffisantes sur les préoccupations au regard de la concurrence suscitées par l'opération ainsi que l'opportunité réelle de répondre à ces préoccupations.

Comportement anticoncurrentiel

- Durcir l'application du droit vis-à-vis des ententes et des abus de position dominante.
- Faire en sorte que les ententes injustifiables et les abus de position dominante puissent être sanctionnés par la TCCT selon le régime des infractions administratives.
- Consacrer l'illégalité des ententes injustifiables indépendamment de la preuve d'effets préjudiciables effectifs sur les marchés.
- Préciser que la TCCT peut appliquer l'interdiction légale des soumissions concertées dans les marchés publics.
- Lors de l'appréciation de l'abus de position dominante, privilégier l'impact du comportement sur la concurrence.

Contrôle des fusions

- Rationaliser le régime de contrôle des fusions, en particulier :

- envisager de revenir sur le système dual, *ex ante* et *ex post*, du contrôle des fusions en pesant les coûts et les avantages d'un tel système ;
- veiller à ce que la TCCT dispose des pouvoirs nécessaires pour examiner les opérations de fusion et, en tant que de besoin, les interdire ou les autoriser sous conditions ;
- veiller à ce que les seuils de notification des opérations de fusion soient clairs et ne reposent pas sur une évaluation de la concurrence. Sur ce point, la circonstance que l'opération aboutisse à la création d'un monopole ou d'une position dominante ou à la réduction substantielle de la concurrence ne devrait tenir aucune place dans les seuils de notification ;
- introduire des critères de rattachement local, comme le chiffre d'affaires réalisé dans le pays, dans les seuils de notification ;
- abaisser les montants numériques des seuils de notification actuels en tenant compte, entre autres éléments, de la taille de l'économie thaïlandaise et de la plupart des entreprises opérant dans le pays, du nombre moyen d'opérations qui peuvent effectivement être examinées, et de l'expérience d'autres juridictions de situation comparable. Prévoir en outre la révision périodique des niveaux des seuils afin de tenir compte de l'évolution du contexte économique du pays ;
- définir un test de fond clair pour l'examen des opérations de fusion reposant sur la réduction substantielle de la concurrence, complété par un test fondé sur l'impact sur la structure du marché.

- Permettre à des tierces parties pouvant faire valoir un intérêt légitime au regard de l'opération examinée d'exprimer leur point de vue au cours du processus d'examen.

Efforts de promotion et de sensibilisation aux principes de concurrence

- Adresser des avis au ministère du Commerce, au Cabinet et aux organismes gouvernementaux sur les politiques et les réglementations qui restreignent indûment la concurrence.
- Permettre à la TCCT d'adresser des avis au Parlement et à d'autres ministères que celui du Commerce.

1 Cadre institutionnel et juridique

Ce chapitre donne un aperçu du cadre institutionnel et juridique du droit de la concurrence en Thaïlande. Après avoir décrit les principales caractéristiques du pays, il analyse l'origine de la loi sur la concurrence commerciale et son champ d'application. Ce chapitre évalue également la structure de la TCCT, notamment son organisation interne, ses ressources et son personnel.

1.1. Présentation du pays

La Thaïlande est un pays du centre de l'Asie du Sud-Est (également dénommée péninsule indochinoise), bordé par le Myanmar (Malaisie) au nord-ouest et à l'est, par la République démocratique populaire lao au nord-est et à l'est, par le Cambodge au sud-est, et par la Malaisie au sud. Le pays compte 76 provinces distinctes. D'une superficie de 513 115 km², il a pour capitale Bangkok, qui est également sa plus grande ville. En 2024, le pays comptait 71.7 millions d'habitants. La langue officielle est le thaïlandais.

La Thaïlande est une monarchie constitutionnelle dotée d'un régime parlementaire et d'un système de droit civil. Le pouvoir exécutif est dirigé par le Premier ministre, qui est le chef du gouvernement, et le Cabinet (également appelé Conseil des ministres). L'Assemblée nationale, qui exerce le pouvoir législatif, comprend une chambre basse (la Chambre des représentants) et une chambre haute (le Sénat). En ce qui concerne le pouvoir judiciaire, la Thaïlande est dotée d'un système comprenant quatre types de tribunaux : les cours de justice, les tribunaux administratifs, les tribunaux militaires, et la Cour constitutionnelle (OCDE, 2021[1]).

En 2023, la Thaïlande générait un produit intérieur brut d'environ 458 milliards USD en prix constants (514 milliards USD en prix courants) et affichait un taux de croissance annuelle de 1.9 %. Cela équivaut à un PIB réel par habitant de 6 384 USD en prix constants et de 23 422 USD (Groupe de la Banque mondiale, 2023[2]) à PPA[1]. Le PIB de la Thaïlande est au 27ᵉ rang mondial en valeur nominale ; il s'agit de la deuxième économie de l'Asie du Sud-Est, derrière l'Indonésie (OCDE, 2023[3]).

L'économie de la Thaïlande dépend largement des secteurs axés sur l'exportation. L'agriculture y occupe une place importante ; elle représente environ 9 % de l'économie et emploie une grande partie de la population. Au fil de son développement économique, le pays s'est constitué une base industrielle solide, qui représente désormais 35 % de l'économie, notamment dans les secteurs de la construction automobile, de l'électronique, et de l'industrie pétrochimique. La Thaïlande dispose également d'un secteur tertiaire important qui participe à l'économie à hauteur de 56 %. Le tourisme en constitue un secteur clé et contribue largement à la croissance économique et au marché du travail thaïlandais, le pays accueillant des dizaines de millions de visiteurs chaque année (OCDE, 2023[3]).

L'économie thaïlandaise est caractérisée par une forte concentration et de faibles niveaux de concurrence, avec de nombreux marchés qui sont dominés par un petit nombre de participants. Plus de 85 % du chiffre d'affaires total de l'ensemble de l'économie est ainsi réalisé par 5 % des entreprises. Cette concentration est encore plus marquée dans certains secteurs comme les télécommunications, le commerce de détail, le gaz naturel et l'électricité. Les entreprises publiques restent présentes dans plusieurs secteurs, où elles se trouvent parfois en concurrence avec des entreprises privées (OCDE, 2023[3]).

À partir des années 60, l'économie de la Thaïlande a connu un bel essor, marqué par une croissance dynamique et continue jusque dans les années 2010 ; la croissance a ensuite marqué le pas par rapport à d'autres pays du sud-est asiatique (OCDE, 2024[4]). Les répercussions de la pandémie de Covid-19 ont encore affaibli le dynamisme économique. Dans son sillage, l'économie de la Thaïlande a été sérieusement affectée par la hausse du coût de l'énergie et des prix des produits alimentaires, qui a provoqué une crise du coût de la vie et retardé les réformes structurelles. Toutefois, la Thaïlande a ensuite connu une phase de relance rapide, portée par un afflux massif de touristes à la faveur de la levée des restrictions aux voyages mises en place lors de la pandémie, ainsi que par une hausse des exportations et de la demande intérieure. La croissance annuelle de la Thaïlande s'est ainsi établie à 2.6% en 2022, contre 1.5% en 2021 (OCDE, 2023[3]).

1.2. Origines et fondements du droit de la concurrence

Bien que le cadre juridique de la Thaïlande comporte des dispositions de concurrence depuis la fin des années 70[2], les discussions sur la mise en place d'un droit de la concurrence à part entière n'ont réellement débuté qu'en 1991, lorsque le ministre du Commerce a constitué une commission en vue d'élaborer un projet de texte. La loi sur la concurrence commerciale n'a été adoptée qu'en 1999[3] ; elle a donné naissance à la Commission de la concurrence commerciale (TCC), un organisme spécialisé qui ne jouissait pas d'une indépendance totale et était présidé par le ministère du Commerce. La TCC était chargée d'enquêter sur les comportements anticoncurrentiels, puis de porter les affaires devant les tribunaux, le système étant alors basé sur la répression pénale (toutes les pratiques anticoncurrentielles étaient considérées comme des infractions pénales et devaient être jugées par les tribunaux). La législation est cependant restée lettre morte ; aucune affaire n'a été portée devant les tribunaux, ce qui peut s'expliquer, entre autres, par l'incapacité à satisfaire le niveau de preuve requis pour appuyer des poursuites pénales, par le manque de spécialisation des procureurs et des juges, ainsi que par l'ingérence politique dans les activités de la TCC (TCCT, 2024[5] ; Poapongsakorn, 2002[6]).

En 2014, le ministère du Commerce a entrepris de remanier la loi sur la concurrence de 1999 en raison de son obsolescence et de sa rigidité ; de la longueur des procédures pénales et du niveau de preuve élevé qui était requis ; et du manque d'indépendance de l'autorité de la concurrence, qui était intégrée au ministère du Commerce. Ce n'est qu'en 2017 qu'une nouvelle loi sur la concurrence commerciale a été adoptée, dans l'objectif d'améliorer l'efficacité des mesures de régulation de la concurrence en les confiant à un organisme indépendant jouissant d'une plus grande souplesse. La loi sur la concurrence de 2017 est aujourd'hui le principal instrument juridique de la politique de la concurrence en Thaïlande ; elle couvre les accords anticoncurrentiels, l'abus de position dominante, l'examen des opérations de fusion et les pratiques commerciales déloyales (TCCT, 2024[5] ; OCDE, 2018[7])[4].

La loi sur la concurrence commerciale de 2017 entendait faire de l'autorité de la concurrence (devenue la Commission de la concurrence commerciale de Thaïlande – TCCT) un organisme distinct, indépendant du gouvernement et doté de son propre budget. Elle avait également pour objectif de limiter les exemptions dont bénéficiaient les entreprises publiques, qui étaient totalement exclues du champ d'application de la loi de 1999. La loi a en outre conféré à la TCCT le pouvoir d'examiner les opérations de fusion et d'infliger des sanctions administratives dans les affaires d'ententes autres qu'injustifiables, de réalisation anticipée d'opérations de fusion et de pratiques commerciales déloyales. En revanche, les ententes injustifiables et les abus de position dominante continuent de relever du droit pénal ; la TCCT est seulement habilitée à enquêter sur ce type de pratiques, qui ne peuvent être jugées que par les tribunaux (Ingen-Housz, 2018[8] ; Uremovic, Srirungruang et Taypongsak, 2017[9] ; OCDE, 2018[7]).

Depuis l'entrée en vigueur en 2017 de la loi sur la concurrence commerciale, la TCCT a adopté plusieurs règlements visant à accroître l'application effective de la loi sur la concurrence, notamment en ce qui concerne la notification et l'examen des opérations de fusion, les critères de détermination d'une position dominante, la définition du marché en cause et le calcul des parts de marché, et les procédures et conditions du règlement par transaction[5].

1.3. Champ d'application

La loi sur la concurrence commerciale s'applique aux opérateurs commerciaux, définis comme « *tout vendeur, producteur à fin de vente, personne qui effectue une commande ou importe des produits dans le Royaume à fin de vente, acheteur à fin de production ou de revente de biens, ou prestataire de services commerciaux* »[6]. Selon cette même loi, l'activité commerciale correspond à « *toute activité exercée à fin commerciale dans les secteurs de l'agriculture, de l'industrie, du commerce, de la finance, des assurances, et des services* »[7]. Dans ce contexte, bien que la loi sur la concurrence commerciale ne le précise pas expressément, son champ d'application semble englober toutes les entités économiques (ce qui inclut tant les personnes morales, qu'elles poursuivent ou non un but lucratif, que les personnes physiques) qui exercent une activité économique, comme l'ont suggéré les parties prenantes interrogées lors de la mission d'enquête de l'OCDE. Cependant, d'après les sources disponibles, la notion d'opérateur commercial ne paraît pas inclure les associations d'entreprises ou les sociétés de holding exerçant une activité économique, qui seraient donc exclues du champ d'application de la loi sur la concurrence commerciale.

La loi sur la concurrence exclut de son champ d'application certaines activités, ainsi que les entreprises publiques et les secteurs réglementés dans certains cas. La question de l'application de la loi aux entreprises étrangères qui ne sont pas formellement établies en Thaïlande n'est pas tranchée, même lorsque leur comportement porte atteinte à la concurrence sur le territoire national. Ces exclusions limitent considérablement le champ d'application de l'ACC et ne sont pas conformes à la Recommandation de l'OCDE sur la neutralité concurrentielle (OCDE, 2021[10]), selon laquelle l'application du droit de la concurrence doit être neutre « afin que les entreprises concurrentes soient soumises à des règles de concurrence équivalentes (...), indépendamment de leur structure de propriété, de leur localisation géographique ou de leur forme juridique ».

1.3.1. Exemptions

L'article 4 de la loi sur la concurrence commerciale prévoit plusieurs exemptions qui ont pour effet d'exclure de son champ d'application les agissements des entités ci-après :

- les administrations centrales, provinciales et locales ;
- les groupements d'agriculteurs, les coopératives et les groupements coopératifs légalement constitués et œuvrant pour le bénéfice de la profession agricole ;
- les entreprises détenues par l'État, les organisations publiques et autres organismes gouvernementaux, sous réserve qu'ils exercent leurs activités dans le respect de la loi ou des règlementations du Cabinet, qui sont nécessaires au maintien de la sécurité nationale, de l'intérêt général, des intérêts de la société ou de la fourniture de services collectifs ;
- les activités réglementées par des lois sectorielles régissant des questions de concurrence.

L'exemption dont bénéficient les administrations centrales, provinciales et locales concorde avec ce que prévoient la plupart des régimes de concurrence dans le monde qui, généralement, ne s'appliquent pas aux agissements des administrations publiques. Néanmoins, les autorités de la concurrence ont un rôle important à jouer en menant des actions de sensibilisation pour promouvoir la politique de la concurrence dans le cadre du processus d'élaboration des politiques publiques, comme on le verra plus en détail au chapitre 3.

L'exemption prévue pour les accords entre agriculteurs vise à donner plus de poids aux petits agriculteurs dans leurs négociations avec les groupes économiques puissants qui achètent leurs produits. Elle trouve son fondement dans une disposition constitutionnelle[8] et se justifie par la structure du marché agricole thaïlandais, composé d'une multitude de petits producteurs et de quelques puissants acheteurs.

Entreprises publiques

Comme indiqué précédemment, la loi sur la concurrence commerciale visait à réduire l'étendue de l'exemption dont bénéficiaient les entreprises publiques, qui étaient totalement exclues du champ d'application de la loi sur la concurrence de 1999. En vertu de la loi actuelle, l'exemption ne s'applique qu'aux entreprises publiques qui exercent, en vertu de la loi ou d'une résolution du Cabinet, une activité nécessaire au maintien de la sécurité nationale, de l'intérêt général, des intérêts de la société ou de la fourniture de services collectifs. Ces motifs d'exemption découlent de la Constitution thaïlandaise, qui fait interdiction à l'État de s'engager dans des activités commerciales qui font concurrence au secteur privé, « *sauf en cas de nécessité dans l'objectif d'assurer la sécurité de l'État, de préserver des intérêts communs ou de fournir des services publics ou d'utilité collective* ».

Aucun autre texte ne venant préciser ces concepts ou les modalités d'application de l'exemption (OCDE, 2020[11]), l'interprétation de cette disposition est sujette à controverses. Pour certains, elle couvre toutes les entreprises publiques tandis que pour d'autres, elle doit être interprétée strictement (par exemple, lorsqu'une entreprise publique ne fait face à aucune concurrence parce que les entités privées ne peuvent exercer d'activité dans le marché, ou lorsque le gouvernement enjoint expressément à une entreprise publique de s'engager dans des pratiques anticoncurrentielles).

En pratique, la TCCT n'a jamais examiné d'affaire impliquant des entreprises publiques, qui selon elle n'entrent pas dans le champ d'application de la loi sur la concurrence commerciale, et ce même lorsqu'elles rivalisent avec des entités privées, comme l'ont confirmé les parties prenantes interrogées au cours de la mission d'enquête de l'OCDE.

L'exemption dont bénéficient les entreprises publiques qui sont en concurrence avec des entités privées les incite à adopter des comportements anticoncurrentiels qui peuvent être tout aussi néfastes que les restrictions de la concurrence pratiquées par des acteurs privés. Elle peut entraver l'efficacité économique dans des secteurs dans lesquels la concurrence est impossible à un moment donné, mais où de nouveaux acteurs pourraient entrer sur le marché à plus long terme (OCDE, 2020[11]).

Comme mentionné ci-dessus, cette exemption en faveur des entreprises publiques déroge à la Recommandation de l'OCDE sur la neutralité concurrentielle et à l'approche retenue par la plupart des juridictions, qui soumettent les entreprises publiques au droit de la concurrence (OCDE, 2024[12]).

Secteurs réglementés

En vertu de son article 4, paragraphe 4, la loi sur la concurrence commerciale ne s'applique pas aux « *activités qui sont spécifiquement réglementées par des lois sectorielles régissant des questions de concurrence* ». En présence de telles activités, l'autorité de réglementation compétente a le pouvoir d'appliquer les dispositions de concurrence de la loi sectorielle plutôt que celles de la loi sur la concurrence commerciale. La TCCT n'a pas compétence pour appliquer la loi sur la concurrence commerciale à ces secteurs d'activité, mais elle peut mener des efforts de sensibilisation, par exemple en adressant aux autorités de réglementation des avis non contraignants.

Quoi qu'il en soit, la loi sur la concurrence commerciale ne précise pas les secteurs couverts par cette disposition. D'après les informations réunies par l'OCDE, notamment celles fournies par la TCCT et les parties prenantes interrogées durant sa mission d'enquête, les secteurs qui ne relèvent pas du cadre juridique général de la concurrence mais d'un régime de concurrence spécifique seraient les télécommunications, l'énergie, les banques et les assurances. Cela n'exclut toutefois pas la possibilité que d'autres secteurs puissent entrer dans le champ d'application de l'article 4, paragraphe 4 de la loi.

En outre, le manque de cohérence des dispositions de concurrence contenues dans les législations sectorielles entraîne la coexistence de plusieurs régimes de concurrence aux règles très disparates. Comme expliqué ci-dessous, certains se contentent de prévoir un contrôle des opérations de fusion *ex-ante* (avec des variations importantes quant aux pouvoirs conférés à l'autorité de régulation et au poids des considérations de concurrence lors de l'examen), tandis que d'autres portent également sur les comportements anticoncurrentiels (avec une portée et des sanctions variables).

Radiodiffusion et télécommunications

La Commission nationale de la radiodiffusion et des télécommunications (National Broadcasting and Telecommunications Commission, NBTC) a pour mission de préserver la concurrence dans les secteurs de la radiodiffusion et des télécommunications[9].

La NBTC est chargée de lutter contre les pratiques anticoncurrentielles, ce qui inclut les abus de position dominante, dans ses deux secteurs de compétence. Les entreprises qui se livrent à des agissements anticoncurrentiels s'exposent à des sanctions pénales, qui peuvent prendre la forme d'une peine d'emprisonnement et/ou d'une amende, dont le niveau varie entre les deux secteurs.

Dans celui des télécommunications, la peine maximale encourue est de trois ans d'emprisonnement et/ou 600 000 THB (environ 15 800 EUR) d'amende. Ces seuils sont doublés en cas de récidive. La NBTC peut également ordonner qu'il soit mis fin à un comportement anticoncurrentiel ou imposer des mesures correctives[10].

Dans le secteur de la radiodiffusion, les sanctions maximales encourues sont une peine d'emprisonnement de trois ans et/ou une amende de 3 millions THB (environ 79 300 EUR), et une astreinte de 30 000 THB (environ 790 EUR) par jour tant que la violation se poursuit[11].

Les opérations de fusion impliquant des exploitants d'activités réglementées qui répondent à certains critères doivent être notifiées à la NBTC. Cette dernière évalue, entre autres éléments, l'impact de l'opération sur la concurrence, et peut autoriser l'opération avec ou sans conditions. Toutefois, il n'y a que dans le secteur de la radiodiffusion que la NBTC a le pouvoir de faire obstacle à une opération de fusion[12].

L'OCDE n'a pu obtenir que très peu d'informations disponibles publiquement sur l'effectivité et les modalités de la mise en application du droit de la concurrence. La NTBC a indiqué avoir, entre 2018 et 2023, examiné et approuvé onze fusions dans les secteurs des télécommunications et de la radiodiffusion. Cependant, l'OCDE n'a pas pu examiner ces affaires dans le détail car les décisions ne sont pas accessibles au public et n'ont pas été transmises à l'équipe chargée de la mission d'enquête. Les seules informations concrètes disponibles concernent la fusion intervenue en 2022 entre True Corporation et DTAC, les deuxième et troisième opérateurs de réseau mobile de Thaïlande, qui détenaient respectivement 32 % et 22 % des parts de marché. Dans un premier temps, la NBTC a refusé de se saisir de l'opération, avant de s'y résoudre sous la pression d'associations de consommateurs et de théoriciens. La fusion a été approuvée moyennant des mesures correctives comme un plafonnement des tarifs, la vérification des structures des coûts et de la tarification des services par des experts indépendants (engagés par l'entité issue de la fusion) pendant au moins cinq ans, et l'obligation de réserver du spectre aux opérateurs de réseau mobile virtuel (Aksorngarn, 2024[13]).

Lors de la mission d'enquête de l'OCDE, le personnel de la NBTC a indiqué que l'organisme n'avait eu à connaître d'aucune affaire portant sur des comportements anticoncurrentiels.

Énergie

La Commission de régulation de l'énergie (Energy Regulatory Commission, ERC) a pour mission de lutter contre les comportements anticoncurrentiels dans les secteurs de l'électricité et du gaz naturel[13].

L'ERC peut procéder à des enquêtes et infliger des sanctions aux opérateurs se livrant à des pratiques visant à limiter ou à restreindre la concurrence sur le marché de l'énergie, ce qui inclut tout comportement conduisant à un monopole. Elle peut notamment ordonner qu'il soit mis fin aux pratiques anticoncurrentielles, imposer des mesures correctives ou modifier les conditions de licence de l'opérateur. Le non-respect de ces décisions expose le contrevenant à une astreinte administrative de 500 000 THB (environ 13 200 EUR) par jour, ainsi qu'à des sanctions pénales (peine maximale de deux ans d'emprisonnement et/ou de 4 millions THB d'amende – environ 105 600 EUR)[14].

De plus, à partir de certains seuils, les fusions impliquant des entreprises réglementées doivent faire l'objet d'une notification préalable à l'ERC, qui examine alors l'opération en tenant compte, notamment, de ses effets sur la concurrence. L'ERC peut autoriser l'opération, l'autoriser sous conditions, ou la rejeter. En revanche, aucune sanction n'est prévue pour défaut de notification[15].

D'après les informations communiquées par les parties prenantes de l'ERC interrogées lors de la mission d'enquête de l'OCDE, seules quelques opérations de fusion ont été examinées par l'ERC. Elles impliquaient des petits opérateurs et ne produisaient pas d'effets sur la concurrence. Cependant, l'OCDE n'a pas pu obtenir d'informations sur ces affaires car les décisions ne sont pas accessibles au public et n'ont pas été transmises à l'équipe chargée de la mission d'enquête. Le personnel a en outre indiqué qu'aucune affaire portant sur des comportements anticoncurrentiels n'avait été traitée.

Banques

La Banque de Thaïlande (Bank of Thailand, BoT) est le régulateur du secteur bancaire. Toute opération de fusion impliquant des institutions financières, quelle que soit leur taille, doit être notifiée à la BoT, et approuvée avant de pouvoir être mise en œuvre. La BoT peut assortir son approbation de conditions, ou interdire l'opération[16]. Aucune règle ne vise expressément les comportements anticoncurrentiels.

D'après la BoT, les principaux critères pris en compte lors de son examen sont l'impact de l'opération de fusion sur la stabilité financière du système, des considérations de fonctionnement (notamment en ce qui concerne les canaux de distribution des services) et les avantages généraux pour le système, en particulier du point de vue des consommateurs. La concurrence n'est pas un critère primordial lors de l'examen de la BoT, mais elle peut être prise en considération lors de l'analyse des avantages pour les consommateurs.

La BoT a également indiqué avoir compétence pour examiner les pratiques anticoncurrentielles dans le secteur bancaire, mais que son examen portait sur l'incidence du comportement en cause sur la stabilité financière et les consommateurs.

Selon les parties prenantes de la BoT interrogées par l'OCDE lors de la mission d'enquête, la BoT n'a examiné et approuvé qu'une opération de fusion entre de petits participants au marché, sans impact sur la concentration du marché. Ici encore, l'OCDE n'a pas pu étudier l'affaire en question, ces décisions n'étant pas accessibles au public et n'ayant pas été transmises à l'équipe chargée de la mission d'enquête.

Assurances

Le Bureau de la commission des assurances (Office of Insurance Commission, OIC) est chargé de la régulation du secteur de l'assurance, ce qui inclut les services d'assurance-vie et d'assurance non-vie. Toute opération de fusion intervenant dans ce secteur doit être autorisée par l'OIC avant de pouvoir être mise en œuvre. L'OIC peut imposer des mesures correctives pour protéger les intérêts des assurés ou pour garantir la stabilité des activités dans ce secteur[17]. On ne sait pas très bien si l'OIC a le pouvoir de rejeter des opérations de fusion, ni quel est le rôle que les effets sur la concurrence jouent dans l'examen de ce type d'opérations. Aucune règle ne vise expressément les comportements anticoncurrentiels. D'après les données fournies par l'OIC, sept fusions ont été examinées et approuvées entre 2018 et 2023. Cependant, l'OCDE n'a pas pu étudier ces affaires dans le détail car les décisions ne sont pas accessibles au public et n'ont pas été transmises à l'équipe chargée de la mission d'enquête. Aucune règle ne vise expressément les comportements anticoncurrentiels.

L'interprétation de l'article 4, paragraphe 4 de la loi sur la concurrence commerciale est également sujette à débat. Certains font valoir que les secteurs réglementés sont exclus du champ d'application de la loi sur la concurrence commerciale et de la compétence de la TCCT uniquement si la législation spécifique au secteur traite les questions de concurrence dans la même mesure que la loi sur la concurrence commerciale (avec des interdictions similaires) et confère aux régulateurs des pouvoirs analogues à ceux dont dispose la TCCT en vertu de la loi sur la concurrence commerciale (à savoir ceux d'enquêter sur les comportements anticoncurrentiels et les abus de position dominante, d'examiner les opérations de fusion et d'imposer des mesures correctives ou d'empêcher l'opération). Si les régulateurs sectoriels ne disposent pas de tels pouvoirs, ou si la législation spécifique ne couvre pas toutes les interdictions prévues par la loi sur la concurrence commerciale, la TCCT pourrait appliquer cette dernière dans ces secteurs.

Pour d'autres au contraire, un secteur est exclu du champ d'application de la loi sur la concurrence commerciale et de la compétence de la TCCT dès lors que la législation sectorielle confère au régulateur la possibilité de se saisir de questions de concurrence, quelle que soit la teneur des interdictions contenues dans cette législation ou des pouvoirs dont dispose le régulateur. Il semble que ce soit cette dernière interprétation qui prévale en Thaïlande, y compris au sein de la TCCT et des secteurs réglementés.

Or, les secteurs qui relèvent d'un régime de concurrence spécial et seraient, à ce titre, exclus du régime général ne sont pas clairement définis. De même, on ne sait pas très bien quelle autorité aurait compétence pour des affaires impliquant des opérateurs présents sur des marchés différents (certains relevant de la compétence de la TCCT et d'autres de la compétence d'un régulateur sectoriel, ou chacun relevant de la compétence d'un régulateur sectoriel propre). Aucune affaire de ce type ne s'étant présentée, rien ne permet de connaître l'interprétation qui serait retenue, y compris par les tribunaux.

En pratique, il en résulte un vide juridique pour ces secteurs réglementés, alors même qu'ils affichent une forte concentration et sont susceptibles d'être le théâtre de comportements anticoncurrentiels (OCDE, 2023[3]).

Au cours de la mission d'enquête de l'OCDE, plusieurs parties prenantes ont confirmé que les compétences de mise en application du droit de la concurrence dans les secteurs réglementés n'étaient pas clairement définies. Alors que la TCCT considère généralement qu'elle est incompétente pour mettre le droit en application dans ces secteurs (et qu'elle dispose seulement de pouvoirs de sensibilisation), il lui est arrivé de prendre des mesures pour certains d'entre eux, en particulier lors d'opérations de fusion dans les secteurs des banques et des assurances.

Les parties prenantes ont également souligné que les régulateurs sectoriels n'appliquaient pas activement les dispositions de concurrence. Ils ne sollicitent pas non plus la participation de la TCCT à ces activités, par exemple par une consultation ou une demande d'avis non contraignant.

1.3.2. Application extraterritoriale

La loi sur la concurrence commerciale est applicable aux comportements qui se produisent en tout ou en partie sur le territoire thaïlandais. Le texte ne se prononce pas clairement sur l'application extraterritoriale de la loi à des pratiques commerciales se déroulant à l'étranger mais ayant des répercussions dans le pays.

Comme elle l'a indiqué et comme cela a été confirmé lors de la mission d'enquête, la TCCT considère que la loi sur la concurrence commerciale ne s'applique pas aux entreprises établies à l'étranger dont le comportement a une incidence directe sur la concurrence et les consommateurs du marché intérieur, au motif que la législation ne prévoit pas expressément une telle application. Par exemple, les ententes internationales impliquant des entreprises qui ne sont pas établies en Thaïlande mais qui produisent des effets sur l'économie thaïlandaise n'entrent pas dans le champ d'application de la loi. De même, les opérations de fusion entre entreprises étrangères qui ne détiennent pas de filiales ou de succursales en Thaïlande ne seront pas examinées par la TCCT, même si les entreprises réalisent un chiffre d'affaires en Thaïlande et que l'opération risque d'avoir un impact sur la concurrence dans le pays.

Pourtant, l'article 58 de la loi sur la concurrence interdit expressément les accords anticoncurrentiels entre participants au marché établis en Thaïlande et à l'étranger, et qui causent un préjudice important à l'économie et aux consommateurs thaïlandais, ce qui semble contredire l'interprétation faite par la TCCT. Cette disposition n'a jamais été appliquée en pratique.

Dans un nombre croissant de juridictions, les effets produits par le comportement dans le pays constituent un élément déclencheur de la compétence extraterritoriale. Cela s'explique notamment par l'interdépendance croissante des marchés et des économies ainsi que par la tendance à l'internationalisation des activités des entreprises, qui font que les pratiques anticoncurrentielles ne sont généralement pas circonscrites aux limites du territoire d'un seul pays (OCDE, 2017[14]).

1.4. Commission de la concurrence commerciale de Thaïlande (TCCT)

La principale autorité de la concurrence du pays est donc la Commission de la concurrence commerciale de Thaïlande (Trade Competition Commission of Thailand, TCCT). Créée en 2017 par la loi sur la concurrence commerciale, elle est venue remplacer l'ancienne TCC. Il s'agit d'un organisme gouvernemental indépendant disposant d'une personnalité morale et de son propre budget. Elle n'est pas rattachée à la fonction publique, n'a pas le statut d'entreprise publique, et en réfère au ministère du Commerce[18]. La TCCT rend également compte au Bureau de l'Auditeur général de Thaïlande, qui est chargé de contrôler chaque année les dépenses de la TCCT et de transmettre ses conclusions à la TCC, au Cabinet et au Parlement[19].

La TCCT est également tenue d'établir un rapport annuel recensant ses principales activités et difficultés, qu'elle remet au Cabinet et rend accessible au public[20].

La TCCT dispose de pouvoirs d'application du droit ; elle est notamment habilitée à examiner et à approuver les opérations de fusion, et à enquêter sur les comportements anticoncurrentiels et les abus de position dominante. Elle transmet ensuite ses conclusions aux procureurs. Elle peut également engager des enquêtes et infliger des sanctions en cas de pratiques commerciales déloyales ou de réalisation anticipée d'opérations de fusion, et promeut la concurrence en Thaïlande. Enfin, la TCCT peut prendre des règlements d'application pour assurer la mise en œuvre effective de la loi sur la concurrence commerciale.

L'application du droit de la concurrence reste balbutiante en Thaïlande, d'après le peu d'informations obtenues par l'OCDE et l'avis de plusieurs parties prenantes recueilli lors de la mission d'enquête de l'OCDE. L'OCDE n'a pas pu accéder à des statistiques fiables et récentes sur les activités de mise en application du droit de la TCCT. Il convient de noter que la Commission n'a pas versé d'informations dans la base de données CompStats de l'OCDE depuis 2023. Qui plus est, les données qui y ont été transmises jusqu'en 2022 (qui couvrent les statistiques jusqu'en 2021) ne coïncident pas toujours avec celles communiquées lors de l'examen par les pairs. Aucune information régulière et cohérente sur les affaires n'est accessible au public, par exemple sur le site web de la TCCT ou dans ses rapports annuels, ce qui n'est pas conforme aux principes contenus dans la Recommandation de l'OCDE sur la transparence et l'équité procédurale dans la mise en œuvre du droit de la concurrence (OCDE, 2021[15]), comme le chapitre 2 l'explique plus en détail.

L'absence de données substantielles ne permet pas d'évaluer le niveau réel des activités de mise en application du droit en Thaïlande, raison pour laquelle le présent rapport se concentre principalement sur le cadre juridique.

1.4.1. Structure interne

La Commission de la concurrence commerciale de Thaïlande est composée d'un Conseil des commissaires (qui forme la Commission de la concurrence commerciale, TCC) et d'un Secrétariat (Bureau de la TCCT) qui comprend un Secrétaire général et diverses unités chargées de l'appui administratif et des travaux de substance, comme décrit ci-dessous.

Graphique 1.1. Organigramme de la TCCT

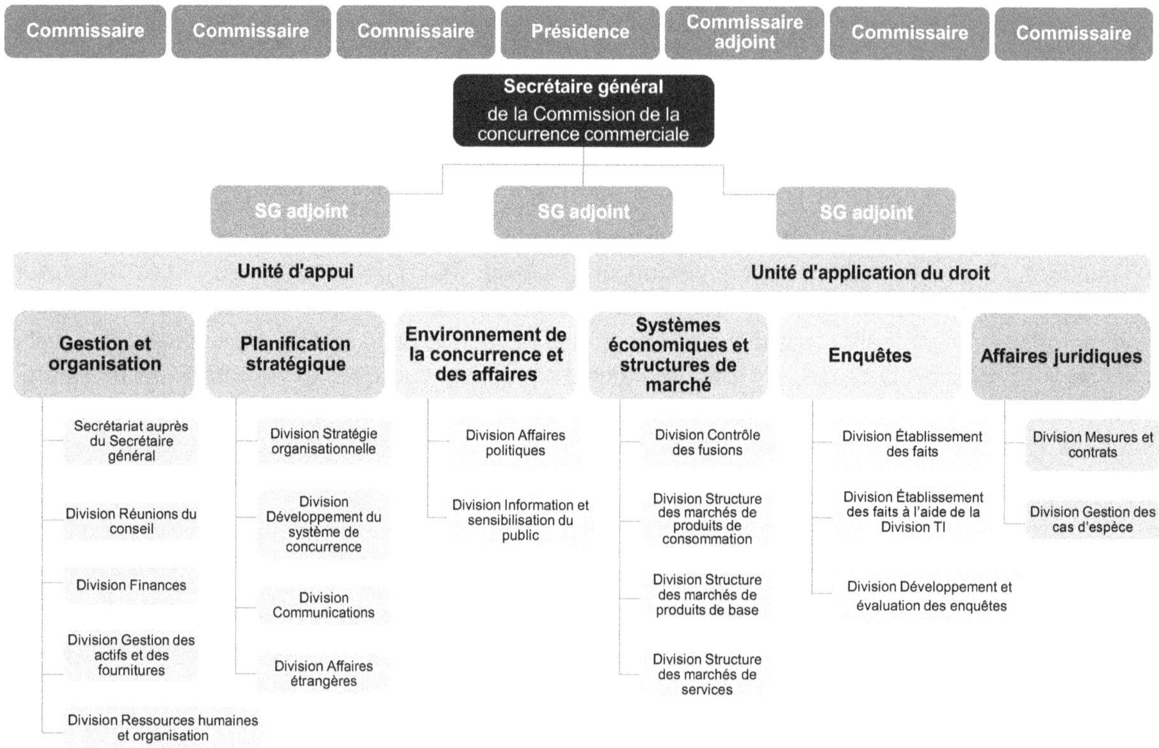

Source : Annexe 1 au Règlement de la TCC relatif à la structure et à la répartition des travaux au sein de la TCCT de 2018 (2561 E.B.).

La TCC comprend sept membres, dont un président, et constitue le principal organe décisionnel de la TCC. Elle est investie du mandat suivant[21] :

- soumettre aux procureurs publics des avis quant à l'engagement de poursuites pénales lorsqu'une enquête de la TCCT met au jour l'existence d'une entente injustifiable ou d'un abus de position dominante ;
- prendre des sanctions administratives (en cas d'entente non injustifiable, de réalisation anticipée d'une opération de fusion ou de pratique commerciale déloyale) ;
- approuver (avec ou sans conditions) ou interdire les fusions ;
- formuler des recommandations à l'intention du ministre du Commerce et du Cabinet quant aux politiques de concurrence du gouvernement ;
- examiner, à la demande d'opérateurs commerciaux, la conformité de leurs pratiques avec la loi sur la concurrence commerciale ;
- transmettre des recommandations aux organismes gouvernementaux quant aux réglementations qui restreignent la concurrence ;
- adopter des règlements internes relatifs à la structure organisationnelle, à la gestion du personnel, au budget et au financement de la TCCT.

La structure interne de la TCCT mise en place par la TCC[22] est constituée de cinq unités, chacune divisée en sous-unités, qui fournissent un appui administratif à la TCC et au Secrétaire général et/ou mènent des activités liées à la concurrence.

Le Secrétaire général en réfère directement au Président et assume la fonction de directeur général de la TCCT. Il assume la gestion générale des activités de l'organisme. C'est notamment lui qui est chargé d'assigner les tâches aux différentes unités de la TCCT, de gérer le personnel et de superviser la mise en œuvre des décisions de la TCC[23].

L'*Unité Gestion et organisation* est composée de cinq divisions : (i) le *Secrétariat auprès du Secrétaire général*, qui est chargé de fournir un appui opérationnel à la TCC et au Secrétaire général, notamment d'assigner les tâches aux différents services et d'assurer la gestion de la correspondance et l'administration des bureaux ; (ii) la *Division Réunions du conseil*, qui épaule le Secrétaire général dans son rôle de secrétaire des réunions de la TCC ; (iii) la *Division Finances*, qui s'occupe des tâches liées aux finances comme la gestion de la trésorerie et la comptabilité ; (i) la *Division Gestion des actifs et des fournitures*, qui est responsable des fournitures, des locaux et des plans de sécurité ; et (v) la *Division Ressources humaines et organisation*, qui s'occupe du recrutement, de l'évaluation et de la formation du personnel, des mesures disciplinaires, des relations de travail et de la santé au travail.

L'*Unité Planification stratégique* est composée de cinq divisions : (i) la *Division Stratégie organisationnelle*, chargée de définir la stratégie organisationnelle et les plans d'action annuels, de gérer le budget annuel et d'établir les rapports de performance ; (ii) la *Division Développement du système de concurrence,* qui gère les technologies de l'information et les systèmes de communication ; (iii) la *Division Communications,* qui est responsable des stratégies de communication, notamment des relations publiques et des productions médiatiques ; et (iv) la *Division Affaires étrangères*, qui gère les relations de la TCCT avec l'étranger, notamment en organisant la coopération internationale.

L'*Unité Environnement de la concurrence et des affaires* est composée de deux divisions : (i) la *Division Affaires politiques*, qui assure la coordination avec les pouvoirs exécutif, législatif et judiciaire, par exemple en formulant des avis et des recommandations sur des politiques publiques propres à favoriser la concurrence ; et (ii) la *Division Information et sensibilisation du public*, chargée de mener des activités d'ouverture, de sensibilisation et de formation.

L'*Unité Systèmes économiques et structures de marché* est composée de cinq divisions : (i) la *Division Contrôle des fusions*, chargée d'examiner les opérations de fusion et d'adresser des recommandations à la TCC ; (ii) la *Division Structure des marchés de produits de consommation*, chargée d'étudier et de superviser la structure et le fonctionnement des marchés de biens de consommation ; (iii) la *Division Structure des marchés de produits de base*, chargée d'étudier et de superviser la structure et le fonctionnement des marchés de produits de base ; et (v) la *Division Structure des marchés de services*, chargée d'étudier et de superviser la structure et le fonctionnement des marchés de services.

L'*Unité Enquêtes* comprend trois divisions : (i) la *Division Établissement des faits*, qui traite les plaintes, recueille les soupçons de comportements anticoncurrentiels et de pratiques commerciales déloyales, et mène des enquêtes visant à appuyer les décisions de la TCC ; (i) la *Division Établissement des faits à l'aide des TI*, qui utilise des outils technologiques pour enquêter sur les comportements anticoncurrentiels et les pratiques commerciales déloyales, notamment par le biais de mécanismes de collecte de données et de suivi ; et (iii) la *Division Développement et évaluation des enquêtes*, chargée d'améliorer et d'évaluer les performances générales des enquêtes menées par la TCCT, par exemple en menant à bien des programmes de formation en matière d'enquêtes.

L'*Unité Affaires juridiques* comprend deux divisions : (i) la *Division Mesures et contrats*, qui élabore des projets de réglementation et révise les textes existants relatifs à la mise en œuvre de la loi sur la concurrence commerciale, et gère les documents juridiques et les contrats liés au fonctionnement de la TCCT ; et (ii) la *Division Gestion des cas d'espèce*, qui fournit des conseils juridiques sur les affaires pénales et administratives et gère les procédures judiciaires liées à la mise en application de la loi sur la concurrence.

En sus de ces différentes unités permanentes, la TCC peut constituer des sous-comités pour des missions spécifiques comme élaborer des projets de règlements internes, réaliser des études de marché ou rédiger des plaidoyers[24]. En particulier, un sous-comité d'instruction doit être désigné pour enquêter sur les comportements anticoncurrentiels dans chaque affaire pénale ainsi que dans les affaires administratives les plus complexes, comme expliqué plus en détail à la section 2.3.2. Ces sous-comités disposent de pouvoirs d'enquête et de recueil d'informations en cas d'atteinte à la concurrence et doivent fournir des avis à la TCC pour lui permettre de fonder ses décisions. Les sous-comités d'instruction comprennent au moins un membre de la TCCT (généralement issu de l'Unité Enquêtes, bien qu'il n'y ait pas de texte clair sur ce point), et des personnes extérieures à la TCCT disposant de connaissances et d'expérience en matière pénale, dont un procureur ou ex-procureur, un officier ou ex-officier de police, et un agent ou ex-agent du gouvernement disposant de compétences dans le domaine de la concurrence ou dans tout autre domaine connexe pertinent[25].

Particulièrement complexe et fragmentée, la structure interne de la TCCT manque de clarté quant aux missions dont sont investies les différentes unités et divisions. La description des unités telle que présentée ci-dessus laisse deviner des chevauchements importants dans plusieurs domaines (par exemple, trois divisions au moins assument des responsabilités en matière d'activités de formation). L'existence de divers sous-comités, souvent investis de fonctions déjà gérées par d'autres unités de la TCCT, ajoute encore à la complexité et au manque de clarté de la structure. Qui plus est, la participation de personnes extérieures à la TCCT à ces sous-comités, notamment ceux qui sont chargés d'enquêtes, est de nature à compromettre l'indépendance et l'impartialité de l'organisme.

1.4.2. Nomination et révocation

Comme indiqué dans la section 1.4.1, la TCC est composée de sept membres, à savoir : un président, un vice-président et cinq commissaires. Ils sont nommés pour un mandat de quatre ans renouvelable une fois. Un roulement tous les deux ans permet d'échelonner leur remplacement et d'assurer la continuité au sein du conseil[26].

Les membres de la TCC sont nommés par le Premier ministre à partir d'une liste constituée selon un processus de sélection défini, puis approuvée par le Cabinet[27]. Le processus de sélection est mené par un Comité de sélection composé de neuf membres issus du gouvernement et du secteur privé[28]. Dans un premier temps, le Comité de sélection lance un appel à candidatures et établit une liste des candidats compétents qui satisfont aux conditions impératives d'éligibilité. Il transmet ensuite cette liste au ministre du Commerce, qui soumet les noms des candidats sélectionnés au Cabinet. Le Cabinet est chargé d'approuver les candidats retenus pour occuper les postes vacants et de soumettre leurs noms au Premier ministre à fins de nomination. Le calendrier, la procédure, les conditions et autres modalités du processus de sélection sont définis par un règlement ministériel[29].

Plusieurs conditions doivent être réunies pour être éligible à la fonction de membre de la TCC, notamment : (i) faire état d'au moins dix ans d'expérience dans le domaine du droit, de l'économie, de la finance, de la comptabilité, de l'industrie, de la gestion d'entreprise, de la protection des consommateurs ou dans tout autre domaine utile pour la régulation de la concurrence ; (ii) être de nationalité thaïlandaise ; (iii) être âgé de 40 à 70 ans ; (iv) ne pas être affilié à un parti politique ; (v) jouir de toutes ses facultés mentales ; (vi) ne pas avoir été déclaré failli pour des faits de corruption ; (vii) ne pas avoir été déclaré incapable ; (viii) ne pas avoir fait l'objet d'une condamnation pénale ; (ix) ne pas avoir été licencié ou démis de fonctions publiques ou d'un poste dans le secteur privé pour des faits de corruption ; (x) ne pas être juge à la Cour constitutionnelle, commissaire aux élections, médiateur, membre de la Commission nationale de lutte contre la corruption, de la Cour des comptes ou de la Commission nationale des droits de l'homme ; (xi) ne pas occuper un poste dans une entité commerciale, ne pas être associé ou détenir plus de 5 % des actions dans une société ; (xii) ne pas occuper un poste de fonctionnaire, d'agent ou d'employé dans une administration nationale ou locale ; et (xiii) ne pas occuper un poste dans une institution ou une association liée à des activités commerciales[30].

Lors de la mission d'enquête de l'OCDE, plusieurs parties prenantes se sont inquiétées de la formulation trop générale de la condition d'éligibilité concernant l'expérience passée, qui ne permet pas de garantir que les membres de la TCC disposent des compétences suffisantes en droit de la concurrence, d'autant qu'ils ne font pas toujours preuve d'une grande motivation à améliorer leur compréhension des questions de concurrence ou ne déploient pas les efforts nécessaires en ce sens. Certaines parties prenantes ont également déploré le manque de transparence du processus de sélection. Cette approche déroge à la Recommandation de l'OCDE sur la transparence et l'équité procédurale dans la mise en œuvre du droit de la concurrence (OCDE, 2021[15]), qui invite les juridictions à « *veiller à ce que la mise en œuvre du droit de la concurrence soit indépendante, impartiale et professionnelle* ».

De plus, certaines obligations semblent injustifiées et pourraient exclure inutilement des candidats potentiels, dont certains qui possèdent des compétences en matière de concurrence. Par exemple, on ne voit pas bien l'intérêt d'imposer un âge minimal si une expérience de dix années est déjà requise. De même, l'exclusion de la plupart des professionnels du secteur public et du secteur privé en activité peut compliquer la recherche de candidats possédant des compétences adéquates. En pratique, seuls les fonctionnaires à la retraite sont éligibles au statut de membre de la TCC, comme l'ont confirmé les parties prenantes interrogées par l'OCDE.

La TCC est un organisme indépendant dont les membres ne peuvent être démis de leurs fonctions que dans les conditions édictées par la loi sur la concurrence commerciale : (i) expiration de leur mandat ; (ii) décès ; (iii) démission au cours du mandat ; (iv) décision du Cabinet de révoquer un membre de la TCC pour manquement à ses obligations ou pour mauvaise conduite ; (v) non-respect des critères d'éligibilité énumérés ci-dessus[31].

La procédure de révocation n'est pas précisée par la loi sur la concurrence. Pour les parties prenantes interrogées lors de la mission d'enquête de l'OCDE, la formulation du point (iv) ci-dessus est floue et ambigüe, et pourrait nuire à l'indépendance de la TCC. Toutefois, en pratique, aucun membre de la TCC n'a été révoqué sur le fondement des points (iv) et (v) ci-dessus.

Le Secrétaire général est nommé par le Président de la TCC, sous réserve de l'aval de la Commission, pour un mandat de quatre ans renouvelable une fois[32]. Le processus de sélection du Secrétaire général est ouvert à toute personne intéressée, conformément aux procédures et règles prescrites par la TCC et par la loi sur la concurrence commerciale[33]. Les candidats doivent également satisfaire à certaines conditions d'éligibilité, notamment à l'obligation de faire état de compétences dans le domaine du droit, de l'économie, de la finance, de la comptabilité, de l'industrie, de la gestion d'entreprise, de la protection des consommateurs ou dans tout autre domaine lié[34].

Le Secrétaire général ne peut être démis de ses fonctions que pour les motifs suivants : (i) décès ; (ii) démission ; (iii) non-respect des conditions d'éligibilité ; (iv) conflit d'intérêts ; et (v) sur décision de la TCC pour manquement à ses obligations ou pour mauvaise conduite[35]. La loi sur la concurrence commerciale ne définit pas de procédure pour la révocation du Secrétaire général.

Les membres de la TCC et le Secrétaire général doivent observer un délai de carence avant de pouvoir occuper un poste au sein d'une société à responsabilité limitée, d'une société ouverte à responsabilité limitée ou de toute autre entreprise partie à une affaire en cours d'examen par la TCC[36].

Le personnel technique des niveaux de direction inférieurs est choisi par un comité de sélection selon une procédure et des critères définis par la TCC. Les candidats sélectionnés sont approuvés formellement par la TCC avant leur nomination officielle par le Secrétaire général[37].

La loi sur la concurrence commerciale renferme une disposition relative aux conflits d'intérêts qui s'applique uniquement au Secrétaire général[38]. Néanmoins, le Code de déontologie du personnel de la TCC impose de veiller à l'absence de tout conflit d'intérêts[39]. Ni la loi sur la concurrence commerciale, ni le Code de déontologie ne définissent de procédure pour la déclaration ou la gestion de ce type de conflit. Cette approche déroge à la Recommandation de l'OCDE sur la transparence et l'équité procédurale dans la mise en œuvre du droit de la concurrence (OCDE, 2021[15]), selon laquelle les juridictions devraient « *veiller à ce que la mise en œuvre du droit de la concurrence soit indépendante, impartiale et professionnelle, en : (...) c) ayant des règles claires et transparentes afin de prévenir, d'identifier et de traiter tous conflits d'intérêts importants qui pourraient concerner des fonctionnaires des autorités de la concurrence et des magistrats des tribunaux chargés de la mise en œuvre du droit de la concurrence* ».

1.4.3. Ressources

Budget

La TCCT est financée pour la majeure partie sur le budget de l'État. Chaque année, la Division Stratégie organisationnelle consolide les propositions de budget présentées par les différentes divisions de la TCCT et les soumet à la TCC pour approbation. La TCCT propose alors un budget annuel au Cabinet, qui transmet le Budget des dépenses annuelles au Parlement pour approbation. Les membres du Parlement peuvent apporter des modifications au projet de budget[40].

La TCCT perçoit également les frais de notification des opérations de fusion, les frais dont doivent s'acquitter les opérateurs sollicitant un examen de la conformité de leurs pratiques avec la loi sur la concurrence (article 59), et les frais de copie ou de certification de copie de certaines décisions de la TCC, qui sont versés au budget de la TCCT[41]. En revanche, les amendes administratives infligées par la TCCT à des opérateurs commerciaux ne sont pas conservées par la TCCT, qui doit les reverser à l'État[42].

En 2024, le budget de la TCCT s'élevait à 219 314 200 THB (soit 5 790 552 EUR)[43]. Le Graphique 1.2 présente le budget alloué à la TCCT de 2018 à 2024. Il en ressort que le montant nominal du budget baisse à partir de 2019, puis augmente en 2024.

Graphique 1.2. Budget de la TCCT, 2018-24

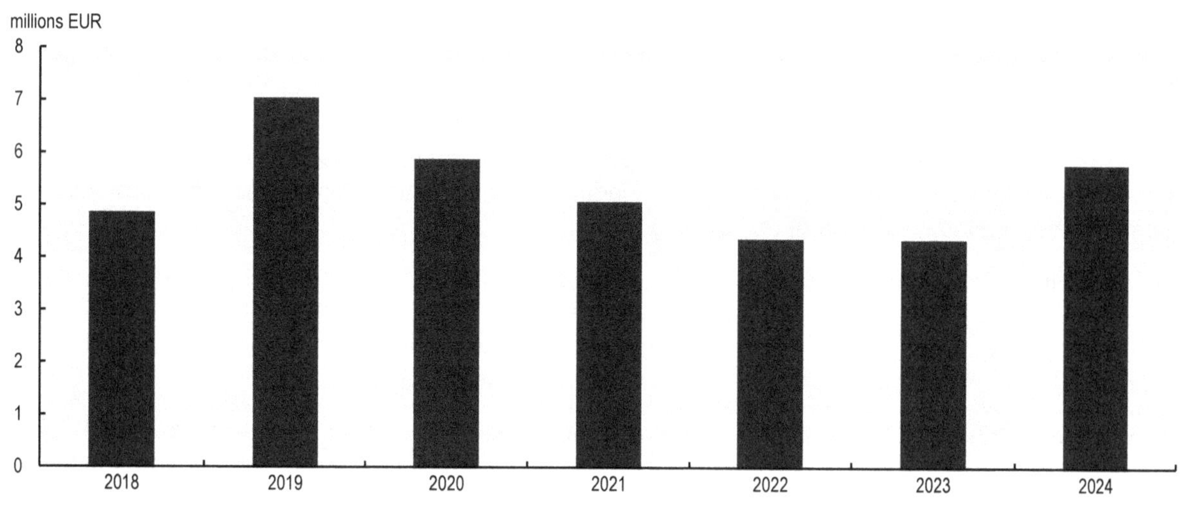

Source : données nominales communiquées par la TCCT.

Le budget de la TCCT est particulièrement faible au regard des pratiques internationales et régionales. Le Graphique 1.3 ci-dessous compare le budget pour 1 million de PIB de la TCCT à celui de groupes de juridictions qui ont renseigné des données dans la base de données CompStats de l'OCDE[44], en particulier (i) les juridictions de l'OCDE ; (ii) les juridictions hors OCDE ; (iii) les juridictions de la région Asie-Pacifique ; (iv) les juridictions dont le PIB est comparable à celui de la Thaïlande ; et (v) les juridictions dont la population est comparable à celle de la Thaïlande. Le budget de la TCCT est bien inférieur à celui de tous les autres groupes.

Graphique 1.3. Budget (en EUR de 2015) pour 1 million de PIB, 2018-22

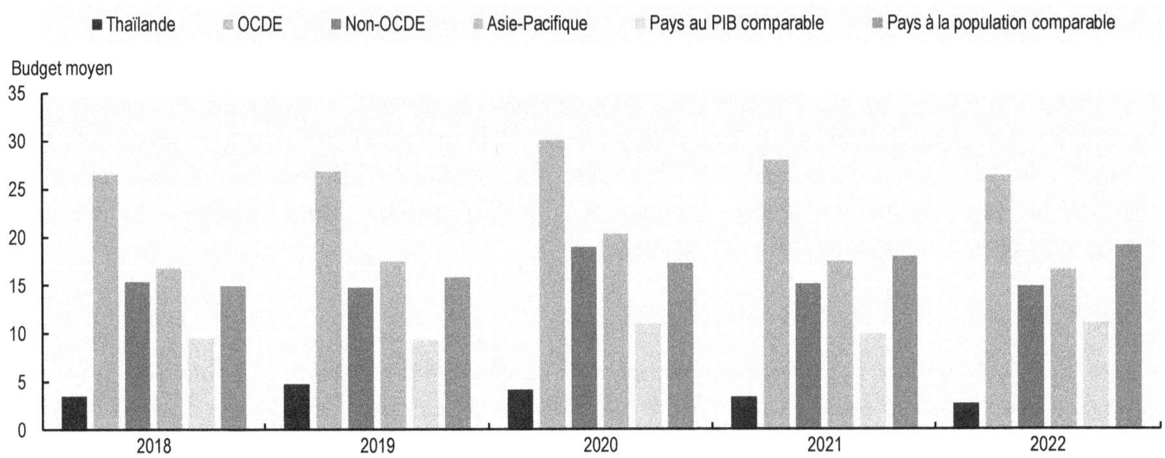

Note : le PIB est exprimé en PPA (parité de pouvoir d'achat). Les groupes de référence sont issus de l'échantillon de juridictions transmettant des données à CompStats, sur la base de la comparabilité de leur PIB et de leur population à ceux de la Thaïlande. Les groupes de référence en fonction du PIB sont constitués des juridictions qui présentent un différentiel inférieur à 300 000 par rapport au PIB de la Thaïlande en PPA. Les groupes de référence en fonction de la population sont constitués des juridictions qui présentent un différentiel inférieur à 20 millions d'habitants par rapport à la population de la Thaïlande.
Source : base de données CompStats de l'OCDE, Banque mondiale et TCCT.

Si l'on convertit le budget en PPA, la conclusion reste la même. La TCCT dispose d'un budget par million de PIB inférieur à celui de tous les groupes de référence.

Graphique 1.4. Budget pour un million de PIB (exprimés en PPA), 2018-22

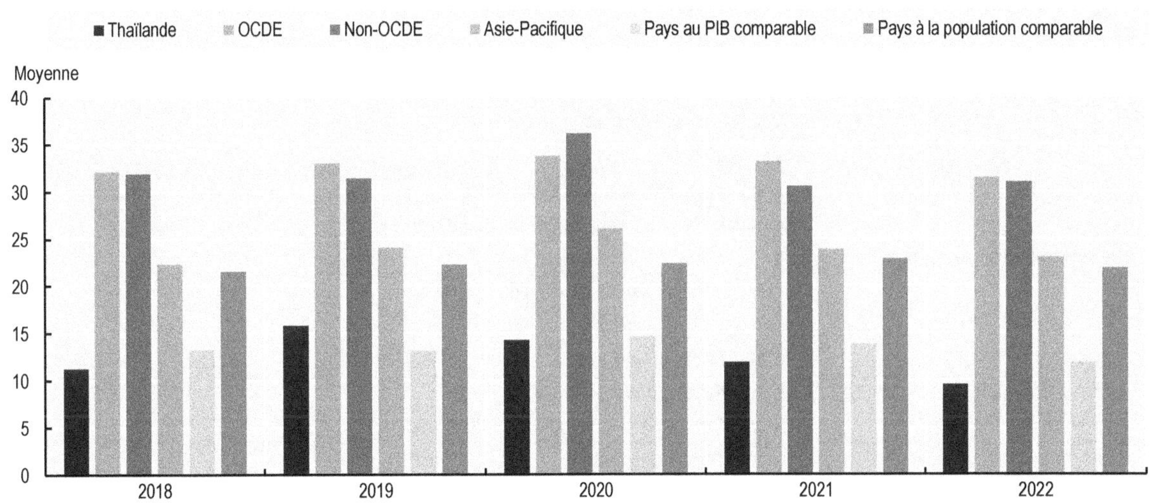

Note : Le PIB et le budget sont tous deux exprimés en PPA (à l'aide de la méthode de calcul des facteurs de conversion PPA de la Banque mondiale de 2023). Les groupes de référence sont les mêmes que ceux utilisés pour le graphique 1.3.
Source : base de données CompStats de l'OCDE, Banque mondiale et TCCT.

Lors de la mission d'enquête de l'OCDE, les parties prenantes ont indiqué que la TCCT éprouvait de grandes difficultés à augmenter son financement au vu des contraintes budgétaires générales. La proposition de budget présentée par la TCCT au Cabinet est souvent revue à la baisse par le Parlement. Par exemple, pour 2024, le Parlement n'a approuvé qu'environ 50 % du budget proposé par la TCCT. Il semble que la réduction des budgets de différents organismes publics relève d'une politique systématique à l'échelle de l'ensemble du gouvernement. La TCCT plaide ardemment pour une hausse de son budget auprès du Parlement.

Bien qu'elle puisse compléter son budget par les fonds issus des frais qu'elle perçoit (principalement les frais de notification des opérations de fusion), leur montant ne représente en pratique qu'une petite part du budget de la TCCT, qui repose donc principalement sur le budget de l'État.

Outre les dépenses de salaire, le budget de la TCCT est consacré aux dépenses de fonctionnement, dont les espaces de bureau et les équipements informatiques et de télécommunication, ainsi qu'à des programmes ou projets spécifiques. Au cours de la mission d'enquête de l'OCDE, le personnel de la TCCT a souligné que l'organisme faisait face à des difficultés liées aux systèmes de criminalistique numérique, de logiciels et d'équipement informatique. Cependant, l'OCDE n'a pas pu obtenir davantage d'informations sur le type de difficultés rencontrées à cet égard.

Ressources humaines

En 2024, la TCCT emploie 127 personnes, en sus des postes de haute direction. Toutefois, un peu plus de la moitié des employés seulement (75) sont affectés à la concurrence (à savoir la mise en œuvre du droit de la concurrence et les efforts de sensibilisation) et aux pratiques commerciales déloyales, le reste de l'effectif se consacrant à l'appui administratif, comme le montre le tableau ci-dessous. Parmi les employés qui travaillent sur la concurrence et les activités liées aux pratiques déloyales, seuls 34 sont affectés à la mise en application du droit (Division Contrôle des fusions, Division Établissement des faits, Division Établissement des faits à l'aide des TI, et Division Gestion des cas d'espèce), les autres se consacrant aux activités de sensibilisation. Il convient en outre de noter que ces 34 employés affectés à la mise en application du droit se consacrent tant à la concurrence qu'aux pratiques commerciales déloyales. La TCCT étant davantage axée sur les pratiques commerciales déloyales que sur la mise en application du droit de la concurrence[45], en pratique, moins d'un quart des employés se consacrent effectivement à l'activité principale de l'organisme (à savoir le contrôle des fusions et les comportements anticoncurrentiels).

Tableau 1.1. Affectation du personnel au sein de la TCCT, 2024

Unité	Division	Effectif affecté
Unité Gestion et organisation	Secrétariat auprès du Secrétaire général	8
	Division Réunions du conseil	6
	Division Finances	8
	Division Gestion des actifs et des fournitures	5
	Département Ressources humaines et organisation	6
Unité Planification stratégique	Division Stratégie organisationnelle	9
	Division Développement du système de concurrence	5
	Division Communications	5
	Division Affaires étrangères	**6**
Unité Environnement de la concurrence et des affaires	**Division Affaires politiques**	**5**
	Division Information et sensibilisation du public	**4**
Unité Systèmes économiques et structures de marché	**Division Contrôle des fusions**	**7**
	Division Structures de marché des produits de consommation	**6**
	Division Structures de marché des produits de base	**5**
	Division Structures de marché des services	**6**
Unité Enquêtes	**Division Établissement des faits**	**5**
	Division Établissement des faits à l'aide des TI	**6**
	Division Développement et évaluation des enquêtes	**9**
Unité Affaires juridiques	Division Mesures et contrats	**16**
	Division Gestion des cas d'espèce	
Total		127

Notes : les personnels affectés à des dossiers de concurrence sont signalés en gras.
Source : données communiquées par la TCCT.

Le nombre d'employés de la TCCT affectés à des dossiers de concurrence est très faible par rapport aux autres juridictions comparables. L'écart est encore plus marqué si l'on ne tient compte que du personnel de la TCCT qui se consacre à la mise en application du droit de la concurrence. Le Graphique 1.5 présente une comparaison de l'effectif affecté aux dossiers de concurrence par million d'habitants en Thaïlande avec : (i) les juridictions de l'OCDE ; (ii) les juridictions hors OCDE ; (iii) les juridictions de la région Asie-Pacifique ; (iv) les juridictions dont le PIB est comparable à celui de la Thaïlande ; et (v) les juridictions dont la population est comparable à celle de la Thaïlande.

Graphique 1.5. Effectif affecté aux activités de concurrence pour 1 million d'habitants

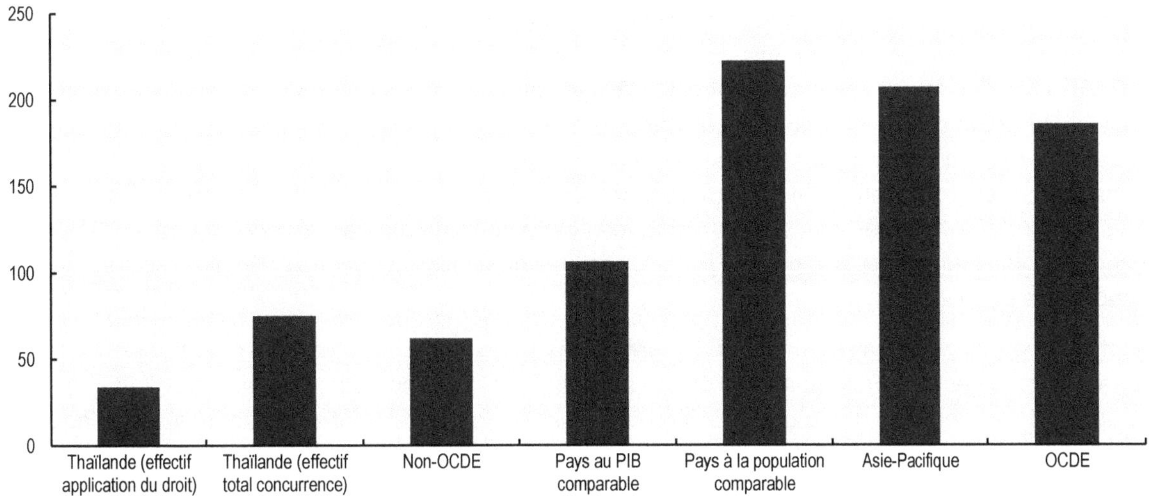

Note : les données fournies par la TCCT portent sur l'année 2024 : les autres chiffres correspondent aux données les plus récentes de CompStats (2022). Les groupes de référence sont les mêmes que ceux utilisés pour le graphique 1.3.
Source : base de données CompStats de l'OCDE et TCCT.

La TCCT définit ses propres règles en ce qui concerne la sélection, les salaires, la promotion et le licenciement de ses employés. Les salaires pratiqués par la TCCT sont supérieurs au traitement des fonctionnaires de l'administration centrale pour compenser l'absence d'avantages (pension et couverture médicale pour les membres de la famille).

Lors de la mission d'enquête de l'OCDE, certaines parties prenantes ont estimé que la TCCT devrait employer davantage de personnel technique, notamment pour les activités de mise en œuvre du droit de la concurrence. Lors de la création de la TCCT en 2017, il était prévu que son effectif se monte à environ 200 employés, mais les restrictions budgétaires ne lui ont permis d'employer qu'une centaine de personnes. Depuis, le nombre d'employés a été porté à environ 130, un chiffre que la TCCT s'efforce d'augmenter.

Bien que les règles internes de la TCCT lui offrent une certaine latitude quant au recrutement de nouveaux employés, en pratique, l'effectif doit être augmenté progressivement pour s'assurer que le budget suffira à le couvrir (au vu notamment des fluctuations qu'a connues le budget au cours des dernières années, comme expliqué plus haut). La TCCT a également fait état de ses difficultés à embaucher de nouveaux employés, notamment avec des compétences dans le domaine de la concurrence. Les départs d'employés sont également problématiques ; de nombreux agents techniques quittent en effet la Commission pour intégrer d'autres organismes gouvernementaux ou rejoindre le secteur privé. Cependant, la TCCT a indiqué qu'elle ne disposait pas de chiffres sur les départs d'employés. La TCC n'a pas de stratégie définie en matière de rétention du personnel.

En outre, les parties prenantes s'inquiètent de ce qu'une grande partie du personnel de la TCCT n'ait guère de connaissances et d'expérience dans le domaine de la concurrence. 45 % de l'ensemble des agents de la TCCT ont suivi des études universitaires en droit ou économie (respectivement 25 % et 20 %). Pour les agents affectés à des dossiers de concurrence et de pratiques commerciales déloyales, ce pourcentage passe à 65 % (37 % et 28 % ont suivi des études universitaires en droit ou économie). Enfin, 44 % des agents de la TCCT sont titulaires d'un master, et 4 % d'un doctorat.

1.4.4. Planification et définition des priorités

Les plans, stratégies et lignes directrices portant sur la gestion de la TCCT sont déterminés par la TCC[46].

D'après la TCCT, un plan sur quatre ans identifie les priorités de l'organisme. Au moment de la rédaction de ce rapport, la dernière version, qui couvre la période de 2024 à 2027, était en cours d'élaboration par la TCCT en consultation avec le public. La TCCT a indiqué que ce plan portait sur divers éléments, parmi lesquels : le contexte de la concurrence, dans le pays et à l'étranger ; les précédentes statistiques et évaluations opérationnelles ; les indicateurs internationaux ; l'analyse des lacunes ; les attentes des parties prenantes ; et l'analyse interne. Cependant, aucun document concernant ce processus ou d'autres éléments (par exemple, les statistiques de fonctionnement mentionnées) n'a été fourni à l'OCDE. Les précédents plans sur quatre ans ne sont pas accessibles au public, et n'ont pas non plus été communiqués à l'équipe de l'OCDE.

À partir de ce plan sur quatre ans, la TCCT définit ses principaux indicateurs clés de performance (KPI) annuels et les objectifs qu'elle doit atteindre en application de son mandat. Néanmoins, la TCCT a indiqué que ses KPI n'étaient pas mis à la disposition du public et ne pouvaient être communiqués à l'équipe de l'OCDE.

Une fois de plus, le fait que les plans sur quatre ans et les KPI annuels ne soient pas accessibles au public contrevient aux principes de la Recommandation de l'OCDE sur la transparence et l'équité procédurale dans la mise en œuvre du droit de la concurrence (OCDE, 2021[15]).

La TCCT a en outre indiqué que la loi sur la concurrence commerciale ne lui permettait pas de définir des priorités pour les activités de mise en application du droit et de sensibilisation, qui régiraient par exemple le traitement des plaintes reçues. Par conséquent, pour chaque plainte, l'autorité doit procéder à une enquête, au moins préliminaire, et ne peut en rejeter aucune en fonction de priorités qu'elle aurait définies.

Dans de nombreuses juridictions, les autorités de la concurrence peuvent décider d'enquêter ou non sur un cas selon des priorités prédéfinies. Le pouvoir d'appréciation dont disposent les autorités de la concurrence pour fixer leurs priorités varie d'une juridiction à l'autre, de même que les critères utilisés pour ce faire ; il peut s'agir de la nature de l'affaire, de sa portée géographique, de la pertinence des éléments de preuve, de l'importance du secteur affecté par la violation, ou encore de la taille du marché. Les autorités de la concurrence associent souvent des tierces parties (telles que des groupes d'entreprises ou de consommateurs, d'autres organismes gouvernementaux) pour définir leurs priorités, qu'elles rendent ensuite publiques (OCDE, 2015[16]).

2 Application du droit de la concurrence

Ce chapitre est consacré aux principaux aspects de l'application du droit de la concurrence, tels que les accords anticoncurrentiels et l'abus de position dominante, les pouvoirs de mise en application du droit, le contrôle des fusions, ainsi que le contrôle juridictionnel et les actions civiles.

La loi sur la concurrence commerciale couvre les domaines traditionnels du droit de la concurrence. Elle régit notamment les comportements anticoncurrentiels (dont à la fois les accords anticoncurrentiels et les abus de position dominante) et le contrôle des fusions.

Dans le droit thaïlandais, les infractions au droit de la concurrence peuvent être de nature pénale ou administrative. Les ententes injustifiables et les abus de position dominante relèvent exclusivement de procédures pénales, tandis que d'autres accords anticoncurrentiels[47], ainsi que les manquements aux obligations prévues par le système de contrôle des fusions, relèvent du régime administratif.

Dans la plupart des juridictions, la pénalisation des infractions au droit de la concurrence se limite aux ententes injustifiables, qui sont considérées comme la violation la plus flagrante du droit de la concurrence, dans la droite ligne de la Recommandation de l'OCDE concernant une action efficace contre les ententes injustifiables (OCDE, 2019[17]). Dans certaines juridictions, la pénalisation est encore plus limitée puisqu'elle ne concerne que les pratiques de soumission concertée. Généralement, l'abus de position dominante n'est pas pénalement répréhensible. Dans la plupart des régimes (surtout dans les systèmes de droit civil comme en Thaïlande), les ententes peuvent constituer non seulement une infraction pénale mais également une infraction administrative réprimée par les autorités de la concurrence (et non par les tribunaux). En effet, dans les affaires d'ententes injustifiables, les sanctions pénales (en particulier contre les personnes physiques) sont le plus souvent considérées comme complémentaires des sanctions pécuniaires infligées aux entreprises, et non comme pouvant s'y substituer. La raison en est qu'en droit pénal, le niveau de preuve est extrêmement élevé (« au-delà de tout doute raisonnable »), et qu'il est donc très difficile de caractériser l'infraction (OCDE, 2020[18]).

En Thaïlande, bien que la loi dédiée soit en place depuis plus de 25 ans, l'application du droit de la concurrence est encore balbutiante. Même si l'OCDE n'a pas pu obtenir d'informations substantielles sur le nombre total d'affaires dans lesquelles la TCCT a conclu à l'existence d'une infraction, ce nombre est très faible. Qui plus est, toutes ces affaires ont été réglées en dehors de toutes poursuites pénales. Enfin, la TCCT n'a examiné que douze opérations de fusion dans lesquelles elle pouvait intervenir (en approuvant l'opération moyennant des mesures correctives ou en mettant son veto) et imposé des mesures correctives dans trois de ces affaires.

2.1. Accords anticoncurrentiels

La loi sur la concurrence commerciale interdit les actions concertées entre opérateurs commerciaux qui créent un monopole ou qui réduisent ou restreignent la concurrence dans le marché en cause[48]. L'action concertée peut consister en (i) un accord entre opérateurs commerciaux, juridiquement contraignant ou non, écrit ou oral ; (ii) une décision prise par une association ou des opérateurs commerciaux ; ou (iii) un comportement collusoire sans accord ou décision spécifiques, les opérateurs commerciaux ayant toutefois conscience d'agir de concert[49].

Les actions concertées entre opérateurs commerciaux peuvent relever de deux catégories : les ententes injustifiables (article 54) et les autres accords (articles 55 et 58 de la loi sur la concurrence commerciale). Les ententes injustifiables sont soumises au régime pénal, les autres accords au régime administratif. Néanmoins, ni la loi sur la concurrence commerciale, ni les règlements internes de la TCCT ne font de distinction en ce qui concerne la méthodologie à appliquer pour évaluer les accords anticoncurrentiels. Lorsqu'elle examine un accord potentiellement anticoncurrentiel, la TCCT doit déterminer si le comportement a pour effet de réduire[50] ou de restreindre[51] la concurrence. Elle ne peut en outre procéder à l'examen que si la part de marché totale des opérateurs commerciaux parties à l'accord est supérieure à 10 %, ce qui signifie que les accords entre opérateurs commerciaux dont la part de marché combinée est inférieure à 10 % sont exemptés de facto[52]. En Thaïlande, les accords anticoncurrentiels, dont les ententes injustifiables, sont donc examinés à l'aune de la règle de raison. Cette coexistence d'un régime pénal exclusif et de l'application de la règle de raison, même pour les ententes injustifiables, fait qu'il est extrêmement difficile de donner effet au droit de la concurrence, comme nous le verrons plus loin.

Lors de la mission d'enquête de l'OCDE, les parties prenantes ont indiqué que, dans toutes les enquêtes portant sur des accords anticoncurrentiels, dont des ententes injustifiables, la TCCT doit commencer par définir le marché en cause (voir section 2.2.1) pour déterminer si les opérateurs détiennent une part de marché supérieure à 10 %, ce qui entraîne une charge importante sur le plan des ressources humaines affectées à ces enquêtes et peut prendre un temps considérable. De plus, exclure du champ d'application les ententes injustifiables entre entreprises dont la part de marché combinée est inférieure à 10 % est contraire aux normes de l'OCDE. De nombreuses juridictions appliquent une règle *de minimis* aux accords, mais l'exemption ne concerne pas les ententes injustifiables.

Dans tous les pays membres de l'OCDE, l'entente injustifiable constitue en soi une infraction. La présomption d'effets préjudiciables est telle qu'il suffit d'établir que le comportement a eu lieu, sans avoir à examiner ses effets sur le marché. La Recommandation de l'OCDE concernant une action efficace contre les ententes injustifiables (OCDE, 2019[17]) reconnaît que les ententes de ce type constituent la violation la plus flagrante du droit de la concurrence et recommandent de consacrer l'illégalité de ces pratiques *« indépendamment de l'existence d'une preuve d'effets préjudiciables effectifs sur les marchés »*.

2.1.1. Ententes injustifiables

L'article 54 de la loi sur la concurrence commerciale énumère quatre types d'accords entre concurrents qui causent un préjudice substantiel à la concurrence (les ententes injustifiables), à savoir[53] :

- fixer, directement ou indirectement, les prix de produits ou de services, ou d'autres conditions de transaction qui affectent les prix (entente sur les prix) ;
- limiter la quantité de produits ou de services en contrôlant la production, en la rationnant ou en attribuant des quotas (restrictions à la production) ;
- s'entendre lors d'une procédure d'enchères ou d'un appel à la concurrence par les prix portant sur des produits ou des services afin de garantir qu'un opérateur commercial remportera la procédure ou d'empêcher un opérateur d'y participer (soumission concertée) ;
- affecter des zones géographiques, des fournisseurs ou des consommateurs à chaque opérateur commercial (répartition des marchés).

Ces pratiques ne sont pas illégales lorsqu'elles sont le fait d'opérateurs appartenant à une seule et même entité économique qui ne se livrent pas concurrence[54].

Les ententes injustifiables sont passibles de sanctions pénales, à savoir une peine maximale de deux ans d'emprisonnement et/ou une amende à concurrence de 10 % du chiffre d'affaires réalisé lors de l'exercice au cours duquel l'infraction a été commise[55].

Même si l'OCDE n'a pas pu obtenir d'informations substantielles sur le nombre total d'affaires d'ententes qui ont abouti, ce nombre est très faible. À l'heure de la rédaction du présent document, les sources disponibles publiquement ne faisaient état que de deux affaires d'ententes injustifiables qui avaient abouti, dans le marché des glaçons. Toutefois, il n'a pas été possible de confirmer si et dans quelle mesure ces deux affaires étaient liées étant donné que le résumé des décisions ne fournit pas certaines informations essentielles comme le nom des entreprises impliquées[56]. Dans ces affaires, les parties qui faisaient l'objet de l'enquête ont conclu, avant l'ouverture de poursuites judiciaires, un accord sur proposition de la TCCT, qui a le pouvoir de régler les litiges par transaction comme le précise la section 2.4.3.

2.1.2. Soumissions concertées dans les marchés publics

Comme indiqué précédemment, aux termes de l'article 54 de la loi sur la concurrence, les soumissions concertées sont comprises dans les ententes injustifiables, et sont définies comme le fait de s'entendre lors d'une procédure d'enchères ou d'un appel à la concurrence par les prix portant sur des produits ou des services afin de garantir qu'un opérateur commercial remportera la procédure ou d'empêcher un opérateur d'y participer.

Les soumissions concertées dans les marchés publics sont également régies par une législation spécifique[57], dont les dispositions sont appliquées par la Commission nationale de lutte contre la corruption (*National Anti-Corruption Commission*, NACC). Créée en 1999, la NACC est un organisme indépendant chargé de la prévention et de la lutte contre la corruption dans les organismes gouvernementaux de Thaïlande, notamment dans le cadre de soumissions concertées.

L'article 4 de la Loi sur les infractions relatives à la soumission d'offres aux organismes étatiques interdit à toute personne de former une entente pour soumettre une offre en vue de s'assurer un contrat avec l'État en se soustrayant à une concurrence loyale, en créant des barrières pour les autres soumissionnaires, ou en obtenant un avantage indu à l'égard de l'État en contradiction avec des pratiques commerciales normales. La violation de ces dispositions expose à des sanctions pénales, à savoir une peine maximale de trois ans d'emprisonnement et une amende de 50 % de l'offre la plus élevée soumise par les participants à l'entente ou de la valeur du contrat attribué, selon le plus élevé des deux montants.

L'existence de deux législations suggère que la TCCT et la NACC peuvent agir parallèlement, la TCCT appliquant l'article 54 de la loi sur la concurrence tandis que la NACC applique l'article 4 de la loi sur les infractions relatives à la soumission d'offres aux organismes étatiques. En effet, ces dispositions servent des intérêts différents (la concurrence et l'intégrité des marchés publics, respectivement). Le fait que les soumissions concertées dans les marchés publics ne figurent pas parmi les exemptions de l'article 4 de la loi semble devoir confirmer cette interprétation.

Or, la position qui prévaut tant au sein de la TCCT que de la NACC est que la loi sur les infractions relatives à la soumission d'offres aux organismes étatiques prévaut sur la loi sur la concurrence commerciale, ce qui a pour effet de soustraire ces soumissions concertées à la compétence de la TCCT et de les placer sous celle de la NACC. Les informations recueillies lors de la mission d'enquête de l'OCDE sont venues corroborer cette interprétation. Les parties prenantes ont indiqué que la TCCT se considérait comme incompétente pour enquêter sur les comportements visant à limiter la concurrence lors de la passation de marchés publics. Si la TCCT a connaissance d'une possible soumission concertée, elle doit transmettre l'affaire à la NACC, qui mènera les investigations. Si la NACC réunit des éléments suffisants pour prouver des pratiques illégales à l'issue de son enquête, elle adresse l'affaire au procureur public afin qu'il intente des poursuites pénales devant le tribunal.

Cette position n'est pas conforme à la lettre de la législation, en particulier de l'article 54 de la loi sur la concurrence et fait qu'en pratique, les soumissions concertées dans les marchés publics sont traitées non comme une infraction au droit de la concurrence mais comme un fait de corruption. Cette interprétation peut également avoir pour conséquence de soustraire les auteurs de soumissions concertées à toute sanction lorsqu'aucun agent public n'est impliqué ; le flou subsiste en effet quant à la compétence de la NACC pour enquêter dans une telle hypothèse.

Enfin, l'application du droit de la concurrence et la lutte contre la corruption sont généralement régies par des cadres juridiques distincts (OCDE, 2010[19]), malgré leur nature complémentaire et le fait que la coopération entre ces deux familles de politiques publiques soit encouragée. La Recommandation de l'OCDE sur la lutte contre les soumissions concertées dans les marchés publics (OCDE, 2023[20]) reconnaît que les soumissions concertées comptent parmi les infractions les plus flagrantes au droit de la concurrence et que *« la collusion et la corruption sont des problèmes distincts qui affectent les marchés publics, mais qu'ils peuvent se produire en même temps et se renforcer ou se faciliter mutuellement »*.

Même si l'OCDE n'a pas pu obtenir d'informations substantielles sur le nombre total d'affaires de soumissions concertées traitées en Thaïlande, ce nombre est très faible (voire nul).

2.1.3. Autres accords anticoncurrentiels

Au-delà des ententes injustifiables, l'article 55 de la loi sur la concurrence commerciale interdit également les accords entre opérateurs commerciaux d'un même marché (accords horizontaux) ou de marchés différents (accords verticaux) qui ont pour effet de créer un monopole ou de réduire ou restreindre la concurrence et qui consistent à[58] :

- fixer les prix, restreindre la production ou répartir les marchés entre opérateurs qui exercent sur des marchés distincts ;
- diminuer la qualité des produits ou des services ;
- désigner un distributeur exclusif de produits ou de services pour le marché en cause ;
- déterminer des conditions pour la vente ou l'achat de produits ou de services ;
- nouer tout autre accord tel que décrit par la TCCT dans ses règlements internes (le cas ne s'est jamais présenté en pratique).

Sauf pour le premier point ci-dessus, la loi sur la concurrence commerciale ne précise pas les pratiques qui concernent des accords horizontaux et/ou verticaux. Ce peut être source de confusion, par exemple pour les accords visant à diminuer la qualité des produits ou des services, qui sont considérés comme des ententes injustifiables dans d'autres juridictions dès lors qu'ils impliquent des concurrents directs.

Les accords susmentionnés sont appréciés à l'aune de la règle de raison. En vertu de l'article 56 de la loi sur la concurrence commerciale, ils ne sont pas considérés comme illégaux (i) s'ils visent à développer la production ou la distribution, ou à promouvoir le progrès technique ou économique ; ou (ii) s'ils portent sur l'octroi de licences (tels que les accords de franchise ou de concessionnaire agréé), sous réserve (a) qu'ils ne créent pas de restrictions au-delà de ce qui est nécessaire pour atteindre leurs objectifs ; (b) qu'ils n'aboutissent pas à la création d'un monopole ou à des restrictions substantielles de la concurrence dans le marché en cause ; et (c) que les consommateurs en tirent avantage quant au prix, à la qualité, à la quantité ou à l'offre de produits ou de services alternatifs[59]. De même, les accords entre opérateurs relevant d'une seule et même entité économique, qui ne se livrent pas concurrence, ne sont pas constitutifs d'une pratique prohibée au sens de l'article 55 de la loi sur la concurrence commerciale.

La liste des pratiques potentiellement anticoncurrentielles de l'article 55 de la loi sur la concurrence commerciale est exhaustive, ce qui signifie que tout autre accord qui n'y est pas expressément cité échappera à des sanctions, même s'il produit des effets anticoncurrentiels. Bien que la loi sur la concurrence commerciale habilite la TCCT à adopter des règlements internes définissant d'autres pratiques illégales, elle ne peut agir au cas par cas. À ce jour, la TCCT n'a pris aucun règlement en ce sens.

Dans de nombreuses juridictions, contrairement à ce qui se fait en Thaïlande, la liste des pratiques anticoncurrentielles n'est pas limitative : les comportements qui n'y sont pas expressément visés peuvent donc être considérés comme illicites dès lors qu'ils ont pour effet de restreindre la concurrence. En d'autres termes, les autorités de la concurrence s'attachent aux effets anticoncurrentiels des accords plutôt qu'à leur forme.

Les motifs d'illégalité énumérés à l'article 56 de la loi sur la concurrence commerciale semblent conformes aux normes internationales en ce qu'ils s'appliquent uniquement aux accords qui ne constituent pas des ententes injustifiables, lesquelles sont généralement appréciées à l'aune de la règle de raison. Pour sanctionner une pratique spécifique, la TCCT doit donc apporter la preuve que leurs effets préjudiciables pour le marché et les consommateurs l'emportent sur leurs effets bénéfiques pour la concurrence, en particulier les gains d'efficience économique.

L'article 58 de la loi sur la concurrence commerciale mentionne un autre type d'accords anticoncurrentiel : les arrangements entre opérateurs nationaux et étrangers qui créent un monopole ou une restriction commerciale déloyale et causent un préjudice substantiel à l'économie et aux consommateurs thaïlandais. Néanmoins, comme nous l'évoquions à la section 1.3.2, la TCCT n'enquête sur ce type de pratiques que si l'opérateur étranger est établi en Thaïlande.

Les accords anticoncurrentiels qui ne constituent pas des ententes injustifiables peuvent être sanctionnés par une amende administrative d'un montant maximal de 10 % du chiffre d'affaires réalisé lors de l'exercice au cours duquel l'infraction a été commise[60].

À l'heure de la rédaction du présent rapport, la TCCT n'a jamais sanctionné d'accord en application des articles 55 ou 58 de la loi sur la concurrence commerciale. L'OCDE n'a pu obtenir d'informations substantielles sur l'ouverture éventuelle par la TCCT d'enquêtes au titre de ces dispositions.

2.2. Abus de position dominante

Le cadre juridique de l'abus de position dominante est défini par l'article 50 de la loi sur la concurrence commerciale, qui fait interdiction à tout opérateur commercial d'abuser de sa position dominante en s'engageant dans l'une ou l'autre des pratiques ci-après :

- fixer des prix d'achat ou de vente non équitables pour des produits ou des services ;
- imposer à des partenaires commerciaux des conditions inéquitables qui limitent (i) les services, ou la production, l'achat ou la vente de produits ; (ii) la possibilité d'acheter ou de vendre des produits, de recevoir ou de fournir des services, ou d'obtenir du crédit auprès d'autres opérateurs commerciaux ;
- suspendre, réduire ou limiter la fourniture de services ou la production, la vente, la livraison ou l'importation de produits sans motif légitime, ou détruire ou endommager des produits afin que l'offre soit inférieure à la demande du marché ;
- interférer dans toute autre activité commerciale sans motif légitime.

Pour établir un abus de position dominante, il faut préalablement définir le marché en cause, puis déterminer si l'opérateur jouit d'une position dominante sur ce marché, et enfin s'il a abusé de cette position dominante.

Contrairement à nombre de juridictions, la Thaïlande a érigé l'abus de position dominante en infraction pénale. Les faits sont passibles d'une peine maximale de deux ans d'emprisonnement et/ou d'une amende à concurrence de 10 % du chiffre d'affaires réalisé lors de l'exercice au cours duquel l'infraction a été commise[61].

2.2.1. Définition du marché

En vertu de la loi sur la concurrence commerciale et des règlements internes de la TCCT, la détermination du marché en cause se fonde sur le concept de substituabilité des produits ou des services, qui est fonction des caractéristiques (dimension produits) et du périmètre géographique de l'offre (dimension géographique). La définition du marché en cause vise à délimiter le marché à l'intérieur duquel les opérateurs économiques se livrent concurrence[62].

Pour définir le marché en cause, la TCCT se base sur trois éléments cumulatifs : (i) la substituabilité au niveau de la demande, (ii) la substituabilité au niveau de l'offre, et (iii) la concurrence potentielle[63].

La notion de substituabilité au niveau de la demande vise à évaluer, du point de vue des consommateurs, la mesure dans laquelle des produits ou des services sont interchangeables ou substituables au regard de leurs caractéristiques, de leur prix ou de l'utilisation prévue, et du périmètre géographique de l'offre.

Son appréciation impose d'analyser des informations détaillées issues de nombreuses sources, telles que des données historiques, des tests quantitatifs et qualitatifs (élasticité-prix de la demande, élasticité croisée de la demande et analyse des séries de prix), de recueillir des données ou de réaliser des entretiens auprès de partenaires commerciaux, de consommateurs et de concurrents, et d'identifier les obstacles réglementaires et non réglementaires à la substituabilité des produits ou des services. Le test du monopoleur hypothétique peut également être utilisé[64].

L'appréciation de la substituabilité du côté de l'offre vise à déterminer si les producteurs ou les distributeurs d'un produit ou d'un service spécifique ont la possibilité de réorienter facilement leur production ou leur distribution vers les produits ou les services en cause sans s'exposer à une hausse substantielle des coûts ou des risques en réaction à une variation des prix[65].

Enfin, la TCCT doit également analyser la concurrence potentielle, en prenant en considération l'ensemble des facteurs et circonstances susceptibles d'affecter les conditions d'entrée sur le marché en cause, y compris les contraintes et le niveau de concurrence sur ce marché[66].

Généralement, les autorités de la concurrence évaluent la concurrence potentielle lorsqu'elles apprécient l'existence d'une position dominante ou ses effets sur la concurrence (par exemple, pour déterminer si le comportement entraîne une perte de concurrence potentielle) plutôt qu'au stade de la définition du marché en cause (OCDE, 2021[21]).

L'OCDE n'a pas pu évaluer la façon dont ces dispositions étaient appliquées par la TCCT et, partant, dont le marché en cause était défini en pratique ; en effet, ses décisions en la matière ne sont pas accessibles au public et n'ont pas été communiquées à l'équipe chargée de la mission d'enquête.

2.2.2. Position dominante

En vertu de l'article 5, paragraphe 7 de la loi sur la concurrence commerciale, un opérateur économique est considéré comme occupant une position dominante si sa part de marché et son chiffre d'affaires sont supérieurs à des seuils définis par la TCCT, qui tient également compte des conditions et de la dynamique de la concurrence, à savoir du nombre d'opérateurs sur le marché et du montant de leurs capitaux, de l'accès aux facteurs de production essentiels, des canaux de distribution et des réseaux d'exploitation commerciale, des infrastructures nécessaires à l'exercice de l'activité, et des réglementations applicables.

Cette disposition a été complétée par un règlement interne de la TCCT selon lequel un opérateur est réputé occuper une position dominante si :

- il détenait une part de marché supérieure à 50 % dans le marché en cause au cours de l'exercice précédent et réalisait un chiffre d'affaires supérieur à 1 milliard THB (environ 26.24 millions EUR)[67] ou
- il fait partie des trois plus grands opérateurs sur le marché en cause détenant une part de marché combinée supérieure à 75 %, a réalisé un chiffre d'affaires supérieur à 1 milliard THB (environ 26.24 millions EUR) et détenait une part de marché supérieure à 10 % lors de l'exercice précédent[68].

Aux fins de cette analyse, les parts de marché et le chiffre d'affaires de tous les opérateurs économiques appartenant à une seule et même entité économique et opérant dans le même marché en cause doivent être pris en compte[69]. En outre, l'appréciation de la part de marché détenue par chacun des opérateurs sur le marché en cause est calculée sous forme de pourcentage au regard de la quantité vendue, du chiffre d'affaires, de la quantité produite ou de la capacité de production[70].

La loi sur la concurrence commerciale dispose également que les seuils de parts de marché et de chiffre d'affaires définis par la TCCT doivent être révisés au moins une fois tous les trois ans[71]. Pourtant, ils n'ont pas été révisés depuis la publication par la TCCT de sa Communication sur les critères visant à établir si une entreprise détient une position dominante en 2020.

Pour déterminer si un opérateur économique jouit d'une position dominante, la TCCT se fonde uniquement sur les seuils de parts de marché et de chiffres d'affaires mentionnés ci-dessus, sans tenir compte d'autres conditions de concurrence comme le prescrit l'article 5 de la loi sur la concurrence commerciale. Les seuils mentionnés ci-dessus semblent donc établir une présomption irréfragable de position dominante.

De nombreuses juridictions prévoient un seuil de part de marché au-dessous duquel elles considèrent qu'il est peu probable que l'opérateur jouisse d'une position dominante[72]. Néanmoins, le plus souvent, les parts de marché ne constituent qu'une première étape de l'établissement d'une position dominante ; cette analyse est ensuite complétée par l'appréciation au cas par cas d'autres conditions et dynamiques du marché, comme l'entrée potentielle de nouveaux concurrents et la croissance des concurrents existants, le pouvoir d'achat compensateur, les sources d'approvisionnement alternatives et les barrières à l'entrée (OCDE, 2021[22]).

En fait, pour déterminer si une entreprise jouit d'une position dominante, l'analyse doit être effectuée au cas par cas et porter sur les caractéristiques de chaque marché et sur les facteurs susceptibles de conférer un pouvoir de marché. Il est donc peu courant de se fonder sur des seuils de chiffre d'affaires pour établir l'existence d'une position dominante : les marchés étant très variables, il est illusoire de chercher à déterminer un seuil qui soit pertinent pour tous les secteurs.

Au cours de la mission d'enquête de l'OCDE, les parties prenantes se sont montrées dubitatives quant aux critères appliqués par la TCCT dans ce domaine, craignant qu'ils permettent à de nombreux opérateurs qui occupent une position dominante sur leur marché de passer à travers les mailles du filet.

2.2.3. Comportement abusif

La position dominante n'est pas en soi un manquement au droit de la concurrence. Pour qu'elle soit constitutive d'un comportement anticoncurrentiel, il faut que l'opérateur abuse de cette position. Par conséquent, pour établir un abus de position dominante, la TCCT doit identifier un comportement spécifique, unilatéral, visé par l'article 50 de la loi sur la concurrence commerciale (complété par le règlement interne de la TCCT)[73], et démontrer que ce comportement est déloyal ou déraisonnable.

L'article 50 de la loi sur la concurrence commerciale dresse une liste exhaustive des pratiques abusives, définies largement et couvrant des comportements unilatéraux pris en compte par la plupart des autorités de la concurrence. Le règlement interne relatif à l'abus de position dominante de la TCCT confirme cette approche puisqu'il énumère une série de comportements susceptibles de constituer des atteintes à la concurrence. Cette liste inclut les pratiques tant d'exploitation que d'éviction, comme la fixation de prix prédateurs, la discrimination par les prix, la compression des marges, la tarification excessive, les programmes de remises, les accords d'exclusivité, les quotas d'achat, les ventes liées, les prix de revente imposés et le refus de fourniture[74]. En revanche, une pratique abusive qui ne figure pas dans la liste de l'article 50 de la loi sur la concurrence commerciale et du règlement interne de la TCCT ne pourra pas être considérée comme illicite, quels que soient ses effets sur la concurrence. Contrairement à la Thaïlande, les juridictions s'attachent généralement aux effets anticoncurrentiels du comportement plutôt qu'à sa forme, en précisant dans leur législation que la liste des pratiques potentiellement abusives n'est pas limitative.

Pour être considérées comme illégales, les pratiques évoquées ci-dessus doivent être déloyales ou déraisonnables. À cet égard, la TCCT doit examiner si les éléments cumulatifs suivants sont réunis : (i) le comportement constitue une nouvelle pratique et s'écarte des usages commerciaux ; (ii) les conditions imposées aux partenaires commerciaux n'ont pas été consignées par écrit ni communiquées préalablement comme il est d'usage ; (iii) la pratique ne s'explique pas par des motifs raisonnables liés à l'activité, à la commercialisation, ou de nature économique ; et (iv) tout autre élément pertinent[75].

En Thaïlande, l'examen de l'abus de position dominante se concentre sur le caractère déloyal ou déraisonnable du comportement plutôt que sur ses effets sur la concurrence. C'est pourquoi certains éléments qui ne sont pas pris en compte dans d'autres juridictions le sont en Thaïlande, par exemple le fait que le comportement constitue une nouvelle pratique qui s'écarte des usages commerciaux, ou que les conditions imposées aux partenaires commerciaux n'aient pas été consignées par écrit ni communiquées préalablement. Le règlement interne de la TCCT mentionne également la possibilité de tenir compte de tout autre élément pertinent, sans autres précisions, ce qui peut être source d'incertitude juridique.

Dans la plupart des juridictions, l'abus de position dominante est examiné sous l'angle de la règle de raison : l'autorité de la concurrence doit commencer par démontrer les effets anticoncurrentiels (potentiels ou avérés) du comportement unilatéral (notamment au vu de sa capacité à exclure des concurrents ou à affecter le processus concurrentiel), puis déterminer s'il existe des motifs légitimes ou des gains d'efficience.

Qui plus est, la preuve de l'abus de position dominante est particulièrement difficile en Thaïlande étant donné que, contrairement à d'autres juridictions, le comportement est régi par le droit pénal, qui exige un niveau de preuve plus élevé (le comportement abusif doit être prouvé au-delà du doute raisonnable), comme l'expose la section 2.3.3.

Même si l'OCDE n'a pas pu obtenir d'informations substantielles sur le nombre total d'affaires d'abus de position dominante qui ont abouti, ce nombre est très faible. À l'heure de la rédaction du présent rapport, les sources publiquement disponibles ne font état que d'une affaire qui a abouti, en 2019, et qui s'est soldée par la conclusion d'une transaction avec la TCCT[76].

2.3. Pouvoirs de mise en application du droit

2.3.1. Détection

En Thaïlande, la principale méthode de détection des comportements anticoncurrentiels et d'ouverture d'une enquête formelle est la plainte.

Une plainte peut émaner de quiconque a subi un préjudice du fait d'une atteinte au droit de la concurrence ou a observé une telle atteinte, ce qui inclut les agents de l'administration publique et les membres de la TCC. La plainte doit être adressée au Bureau de la TCCT, soit par écrit (remise en personne ou par courrier postal), soit oralement (en personne ou par téléphone), ou sur le site Internet de la TCCT. Elle doit contenir les éléments suivants : (i) le nom et l'adresse de l'auteur de la plainte ; (ii) le nom et l'adresse de l'auteur de l'infraction alléguée, si ces renseignements sont connus ; (iii) les faits et les éléments de preuve concernant l'infraction alléguée ; (iv) la date et le lieu de commission de l'infraction alléguée ; (v) le préjudice subi, le cas échéant ; et (vi) la signature de l'auteur de la plainte en cas de plainte écrite[77].

Le Bureau doit examiner la plainte sous 30 jours à compter de sa réception et faire part de ses recommandations à la TCC. Dans ce délai, l'Unité d'enquête peut demander au plaignant de compléter sa plainte (s'il manque des éléments obligatoires) et/ou de fournir de plus amples détails ou des documents supplémentaires. L'Unité d'enquête peut également ouvrir une enquête préliminaire en vue de réunir des éléments de preuve sur l'infraction alléguée[78]. À ce stade, pour chaque plainte, l'Unité d'enquête doit définir le marché en cause et calculer les parts de marché des opérateurs commerciaux concernés. En effet, pour que les accords anticoncurrentiels puissent être examinés (ententes injustifiables comprises), les opérateurs commerciaux doivent détenir au moins 10 % de parts de marché dans le marché en cause. De même, l'établissement d'une position dominante est fonction des parts de marché de l'opérateur[79]. La TCCT n'a pas le pouvoir de rejeter des plaintes pour des motifs tenant à des priorités et doit examiner, au moins dans le cadre d'une enquête préliminaire, chacune des plaintes qu'elle reçoit.

Une fois son examen terminé, l'Unité d'enquête doit transmettre un rapport au Secrétaire général contenant une synthèse des faits, les dispositions légales applicables, et une proposition d'admission (s'il existe des motifs suffisants pour enquêter) ou de rejet (si les motifs sont insuffisants ou si l'infraction alléguée ne relève pas de la compétence de la TCCT) de la plainte[80]. Le Secrétaire général adresse alors une recommandation à la TCC, qui décide ou non d'ouvrir une enquête formelle. La TCC peut demander au Bureau de compléter son enquête préliminaire avant d'ouvrir une enquête formelle. Si la TCC rejette la plainte, elle doit en aviser son auteur[81].

Le délai de 30 jours dont dispose le Bureau pour examiner les plaintes peut être renouvelé autant de fois que nécessaire par le Secrétaire général. Au cours de la mission d'enquête de l'OCDE, plusieurs parties prenantes ont indiqué que c'était là une pratique courante, notamment parce que la définition du marché en cause peut être extrêmement longue et complexe (pouvant parfois prendre plus d'un an)[82].

Les plaintes anonymes ne sont pas autorisées, l'identification du plaignant constituant un élément obligatoire. Toutefois, au cours de la mission d'enquête, le personnel de la TCCT interrogé par l'OCDE a expliqué que si le plaignant ne s'identifie pas, la plainte n'est certes pas recevable, mais les informations qu'elle contient peuvent être utilisées hors du cadre de la plainte formelle.

En outre, contrairement à ce que prévoit le règlement interne de la TCCT, le personnel de la TCCT a également indiqué que seuls les opérateurs commerciaux ou les entités commerciales pouvaient déposer une plainte. Si d'autres acteurs, par exemple des consommateurs ou des employés actuels ou anciens déposent une plainte, elle sera rejetée par la TCCT, qui pourra toutefois utiliser les informations hors du cadre de la plainte formelle.

La non-recevabilité des plaintes des consommateurs exclut des parties prenantes importantes du processus de détection. La plupart des juridictions acceptent les plaintes de particuliers qui soupçonnent des pratiques anticoncurrentielles (ICN, 2021[23]).

La Thaïlande n'a pas mis en place de programme de clémence ou de mécanisme de signalement anonyme.

Le fait que les plaintes anonymes ne soient pas formellement acceptées peut empêcher des personnes qui ont connaissance d'une infraction (les employés actuels ou passés, par exemple) de les signaler par peur de représailles, un licenciement ou une mise au ban du secteur par exemple. En vertu de la Recommandation de l'OCDE concernant une action efficace contre les ententes injustifiables (OCDE, 2019[17]), les juridictions devraient *« faciliter la communication d'informations sur les ententes par les lanceurs d'alerte qui ne sont pas des candidats à la clémence, en prévoyant des protections appropriées de l'anonymat des informateurs »*.

Un nombre croissant de juridictions, parmi lesquelles des Membres de l'OCDE, se sont dotées de programmes de clémence, qui constituent souvent un puissant outil de détection (OCDE, 2019[24]). Dans ce contexte la Recommandation de l'OCDE concernant une action efficace contre les ententes injustifiables (OCDE, 2019[17]) appelle les juridictions à *« Mettre en œuvre un système efficace de détection des ententes par les actions suivantes : a. Mettre en place des programmes de clémence efficaces propres à : i. Encourager le signalement volontaire en accordant une immunité totale au premier demandeur qui signale sa participation à une entente et qui coopère pleinement avec l'autorité de la concurrence, ainsi qu'un allègement des sanctions en faveur des demandeurs suivants (...). »*

Parallèlement à ces programmes de clémence, les autorités de la concurrence devraient faire en sorte que le risque de détection soit élevé et que les sanctions encourues soient significatives, sans quoi le programme de clémence se trouve vidé de sa substance. En effet, ce type de programme fonctionne généralement mieux lorsque l'autorité de la concurrence communique sur les affaires menées à bien et que les membres des ententes perçoivent un risque réel que les autorités de la concurrence détectent le comportement et caractérisent l'infraction d'entente, même sans recours au programme de clémence. L'efficacité des programmes de clémence est également conditionnée par la sévérité des sanctions appliquées aux membres de l'entente (personnes physiques et personnes morales) qui ne sont pas éligibles à la clémence (OCDE, 2023[25]).

Aucune règle claire ne concerne les enquêtes d'office et le recours à des méthodes de détection proactives, comme le filtrage des ententes ou la surveillance du secteur (dans la presse et sur Internet par exemple). Le personnel de la TCCT a toutefois confirmé qu'il était possible de mener des enquêtes d'office ; ici encore, elles doivent faire l'objet d'un rapport à la TCC, qui décide ensuite ou non d'ouvrir une enquête officielle. Les plaintes non recevables (dont les plaintes anonymes) peuvent être mises à profit dans ce contexte.

En Thaïlande, le recours à des outils de détection réactifs n'en est qu'à ses débuts en raison de ressources limitées, tant sur le plan matériel (dispositifs technologiques par ex.) qu'humain. Même si l'OCDE n'a pas pu obtenir d'informations substantielles sur le nombre d'affaires instruites d'office par la TCCT, ce nombre est très faible.

2.3.2. *Enquête*

Lorsque la TCC décide d'ouvrir une enquête formelle, elle doit décider de la nature pénale ou administrative de l'infraction[83]. Il lui faut pour cela déterminer si les faits qui font l'objet de l'enquête sont constitutifs d'une infraction pénale (ententes injustifiables et abus de position dominante) ou administrative (accords autres que les ententes injustifiables et pratiques commerciales déloyales).

Si l'infraction est de nature pénale (ou pénale et administrative), l'enquête est menée par un sous-comité d'instruction et suit les règles internes de la TCCT, auxquelles s'ajoutent celles du Code de procédure pénale[84]. La TCC doit constituer un sous-comité d'instruction composé d'au moins un agent de la TCCT (généralement issu de l'Unité d'enquête) et de personnes extérieures à la TCCT, comme l'a décrit la section 1.4.1. La désignation des membres du sous-comité d'instruction n'est encadrée par aucun critère formel, ce qui laisse à la TCC un large pouvoir d'appréciation. Les parties qui font l'objet de l'enquête et le plaignant (si plaignant il y a) doivent être avisés de la composition du sous-comité et peuvent contester la désignation d'un membre pour défaut d'impartialité, la décision finale revenant à la TCC[85].

Si l'affaire porte uniquement sur des infractions administratives, l'enquête suit les règles internes de la TCCT, auxquelles s'ajoutent les dispositions légales relatives aux procédures administratives[86]. En cas d'affaire complexe, l'enquête est également menée par un sous-comité d'instruction nommé par la TCC selon la procédure décrite ci-dessus. Les dossiers qui ne présentent pas de complexité sont confiés au Secrétaire général, qui doit désigner au moins deux agents du Bureau (généralement de l'Unité d'investigation) pour mener l'enquête[87]. Les critères permettant de juger si une affaire est complexe ou simple ne sont précisés par aucun texte et, en pratique, la TCC a toute discrétion pour en décider.

Le sous-comité d'instruction ou le Bureau chargé des investigations dispose de divers pouvoirs (prendre des dépositions, demander des informations ou effectuer des perquisitions surprises) pour recueillir des éléments de preuve et déterminer si les parties qui font l'objet de l'enquête ont ou non commis les infractions alléguées, comme décrit ci-dessous[88].

Les enquêtes pénales doivent être clôturées dans un délai de 12 mois à compter de la constitution du sous-comité d'instruction, mais la TCC peut autoriser la prolongation de ce délai jusqu'à six mois dans des cas dûment justifiés[89].

Les enquêtes administratives doivent être clôturées dans un délai de 120 jours pour les dossiers simples et de 180 jours pour les dossiers complexes. Toutefois, sur décision motivée, la TCC peut accorder 30 jours supplémentaires par deux fois[90].

Au cours de la mission d'enquête de l'OCDE, plusieurs parties prenantes ont indiqué que, en dépit des délais légaux, les enquêtes menées par les sous-comités d'instruction sont souvent très longues, notamment parce que certains de leurs membres ne font pas partie du personnel de la TCCT et ont d'autres engagements, ce qui crée des difficultés quant à la coordination de leurs agendas. Cela contrevient à la Recommandation de l'OCDE sur la transparence et l'équité procédurale dans la mise en œuvre du droit de la concurrence (OCDE, 2021[15]), qui encourage les juridictions à

> *veiller à ce que la mise en œuvre du droit de la concurrence ait lieu en temps opportun, en : a) menant à terme les procédures de mise en œuvre du droit de la concurrence dans un délai raisonnable, en tenant compte de la nature et de la complexité de l'affaire et de l'utilisation efficiente des ressources de l'autorité de la concurrence ; b) établissant et suivant des règles légales ou des lignes directrices de l'autorité de la concurrence, ou en fixant des objectifs internes, selon le cas, en ce qui concerne les délais limites ou la durée des mesures procédurales, en tenant compte de la nature et de la complexité de l'affaire (...)*

Les parties visées par l'enquête doivent être officiellement informées des faits qui leur sont reprochés et pouvoir présenter leur défense sous 15 jours ; l'équipe chargée des investigations peut toutefois leur accorder un délai supplémentaire au cas par cas[91].

Les règlements internes de la TCCT ne précisent pas le moment où les parties doivent être avisées, ni ce que doit contenir la notification. Au cours de la mission d'enquête de l'OCDE, plusieurs parties prenantes ont admis que, sur ce point, aucune procédure standard n'avait été définie. Chaque sous-comité d'instruction (ou les agents en cas d'enquête administrative simple) procède à sa manière. Certains rédigent des notifications suffisamment détaillées informant les parties des circonstances et des faits qui ont conduit à l'ouverture de l'enquête tandis que d'autres livrent très peu d'informations. Plusieurs parties prenantes ont indiqué que les parties visées par l'enquête n'avaient pas toujours accès aux éléments sur lesquels le sous-comité s'était fondé pour déterminer le marché en cause, éléments qui peuvent pourtant être essentiels pour préparer une défense solide.

C'est contraire à la Recommandation de l'OCDE sur la transparence et l'équité procédurale dans la mise en œuvre du droit de la concurrence (OCDE, 2021[15]), qui appelle les Adhérents à

> *Informer les parties et leur donner l'opportunité de s'engager utilement dans le processus de mise en œuvre du droit de la concurrence, sans compromettre pour autant l'efficacité de l'enquête, en : a) veillant à ce que les parties soient avisées par écrit, dès que cela est faisable et légalement autorisé, de l'ouverture d'une enquête, de son fondement légal et de son objet, dans la mesure où cela ne compromet pas l'efficacité de l'enquête ; b) expliquant aux parties, dès que cela sera raisonnablement possible et approprié pendant le processus de mise en œuvre du droit de la concurrence, le fondement factuel et légal, les préoccupations éprouvées au regard du droit de la concurrence, et le statut de l'enquête ; (...) e) fournissant aux parties des opportunités d'intervenir utilement lors d'étapes clés de la procédure, afin de discuter avec l'autorité de la concurrence des faits objets de l'enquête, de l'avancement de l'enquête et des mesures procédurales, ainsi que du raisonnement juridique et économique ; f) offrant aux parties l'opportunité de présenter une défense adéquate avant le prononcé d'une décision finale, ce qui inclut les mesures suivantes : i. informer les parties de toutes les allégations portées contre elles et leur donner accès aux preuves pertinentes collectées par, ou soumises à l'autorité de la concurrence ou au tribunal, sous réserve de la protection des informations qui sont confidentielles ou protégées par le secret professionnel ; et ii. donner aux parties une opportunité véritable de présenter une réponse complète aux allégations et de soumettre des preuves à l'appui de leurs arguments devant les décideurs clés.*

Une fois son enquête achevée, le sous-comité d'instruction (ou le Secrétaire général) transmet un rapport à la TCC détaillant les moyens de droit et de fait sur lesquels elle se fonde pour préconiser ou non des sanctions contre les parties visées par l'enquête. Si l'infraction est de nature pénale, le rapport doit indiquer s'il convient de régler l'affaire par une transaction ou si des poursuites pénales doivent être engagées. Dans les dossiers portant sur des infractions administratives, le rapport doit formuler des recommandations de sanctions[92]. La TCC peut requérir un complément d'enquête, soit par le même sous-comité (ou par le Secrétaire général), soit par un sous-comité nouvellement constitué[93].

Dans les dossiers de nature pénale, si la TCC estime que les éléments dont elle dispose suffisent à caractériser les infractions, elle peut décider de transiger (comme indiqué à la section 2.4.3) ou de renvoyer l'affaire au pénal. Dans ce dernier cas, le dossier est transmis au procureur public afin qu'il engage des poursuites. Si le procureur public ne partage pas l'avis de la TCC et rend une ordonnance de classement sans suite, le Président de la TCC peut porter l'affaire devant le procureur général. Si ce dernier décide que le dossier est suffisamment étayé pour engager des poursuites, il rend une ordonnance de poursuites. Dans le cas contraire, le Président de la TCC et le procureur général doivent constituer un groupe de travail conjoint pour mener de plus amples investigations et recueillir de nouveaux éléments de preuve afin de compléter le dossier et de permettre au procureur général de poursuivre[94]. À l'heure de la rédaction du présent rapport, ces procédures n'ont jamais été appliquées en pratique.

L'OCDE n'a pas pu obtenir d'informations substantielles sur le nombre d'enquêtes en cours à la TCCT, ni sur le nombre d'affaires classées pour manque de preuves.

En vertu de l'article 76 de la loi sur la concurrence commerciale, les informations confidentielles, et plus particulièrement les informations commercialement sensibles, qui ont été obtenues au cours d'une enquête doivent être protégées ; toute divulgation expose son auteur à une peine maximale d'un an d'emprisonnement et/ou de 100 000 THB (environ 2600 EUR) d'amende. Cependant, aucun texte ne définit les informations qui doivent être considérées comme confidentielles. Ce point est contraire à la Recommandation de l'OCDE sur la transparence et l'équité procédurale dans la mise en œuvre du droit de la concurrence (OCDE, 2021[15]), selon laquelle les juridictions devraient avoir *« des règles, des politiques ou des orientations concernant l'identification et le traitement des informations confidentielles »*. La Recommandation appelle également ses adhérents à *« protéger les informations confidentielles et couvertes par le secret professionnel (...) en : a) veillant à ce que les autorités de la concurrence protègent convenablement les informations confidentielles en leur possession contre toute divulgation illicite (...). »*

Perquisitions surprises

La loi sur la concurrence commerciale autorise la TCCT à procéder à des visites et à des fouilles inopinées (perquisitions surprises) dans les locaux des opérateurs commerciaux ou d'autres entités afin de recueillir les documents et informations nécessaires pour faire la preuve d'un comportement anticoncurrentiel[95]. À cette fin, la TCCT doit au préalable obtenir une ordonnance judiciaire. Le tribunal compétent peut refuser de délivrer un mandat de perquisition s'il considère que les motifs sont insuffisants. En revanche, l'obtention d'un mandat n'est pas nécessaire en cas d'urgence, c'est-à-dire en présence d'un risque de soustraction, de destruction ou d'altération de preuves[96]. Dans ces deux hypothèses, le Code de procédure pénale doit être appliqué. À l'issue de la perquisition, les agents de la TCCT doivent établir un rapport détaillé à l'intention du tribunal reprenant les éléments mis au jour et leurs conclusions[97].

La loi sur la concurrence commerciale définit la sanction pénale encourue par toute personne faisant obstruction aux agents de la TCCT lors d'une perquisition inopinée, à savoir une peine maximale d'un an d'emprisonnement et/ou de 20 000 THB (environ 520 EUR) d'amende[98].

La loi sur la concurrence ne précise pas quel tribunal est compétent pour autoriser les perquisitions surprises. Au cours de la mission d'enquête de l'OCDE, plusieurs parties prenantes ont indiqué qu'en pratique, c'était le Tribunal administratif central qui délivrait les mandats de perquisition dans les dossiers de nature administrative, et le Tribunal de la propriété intellectuelle et du commerce international (IPITC) dans les affaires pénales.

Au moment de la rédaction du présent rapport, la TCCT n'a mené qu'une perquisition surprise, dans le cadre d'une enquête sur une entente, et ce sans autorisation judiciaire préalable. Dans cette affaire, l'Institut de criminalistique gouvernemental a prêté son assistance à la TCCT pour analyser les éléments de preuve recueillis ; toutefois, à l'avenir, l'organisme prévoit de gérer ce type d'analyse en interne. La TCCT n'a pas requis de mandats de perquisition dans d'autres affaires.

Demandes de renseignements et dépositions orales

La loi sur la concurrence commerciale autorise la TCCT à requérir des personnes physiques ou morales, dont les opérateurs commerciaux et les autorités publiques, qu'elles fournissent des informations, des données et des documents à tout moment au cours d'une enquête[99]. Les demandes de renseignements peuvent être adressées non seulement aux parties visées par l'enquête mais également à des tiers, qui doivent y répondre dans le délai fixé par la TCCT.

La loi sur la concurrence commerciale confère en outre à la TCCT le pouvoir de demander aux parties défenderesses et aux tiers de faire des dépositions orales au cours d'une enquête. Ces dépositions sont enregistrées par l'équipe chargée de l'enquête et suivies de l'établissement d'un procès-verbal, qui doit être signé par l'auteur de la déposition ainsi que par l'équipe chargée de l'enquête[100].

Le fait de ne pas répondre à une demande de renseignements ou à une convocation à fin de déposition orale est passible de sanctions pénales, à savoir une peine maximale de trois mois d'emprisonnement et/ou de 5000 THB (environ 130 EUR) d'amende[101].

D'après la TCCT, toutes ses demandes de renseignements ont été honorées, et l'organisme n'a jamais infligé de sanctions à cet égard.

2.3.3. Décision

À réception du rapport du sous-comité d'instruction ou du Secrétaire général (voir ci-dessus), la TCC doit prendre une décision. Dans les dossiers portant sur des infractions administratives, son pouvoir de décision est entier : elle peut à la fois statuer sur l'affaire et infliger des sanctions[102].

Dans les dossiers de nature pénale, la TCC peut conclure une transaction, comme indiqué ci-dessus, ou décider de renvoyer l'affaire au pénal. Dans cette deuxième hypothèse, le Tribunal de la propriété intellectuelle et du commerce international (*Intellectual Property and International Trade Court*, IPITC) a le pouvoir de statuer sur l'infraction et d'imposer des sanctions, bien que cela ne se soit jamais produit en pratique[103].

Le niveau de preuve dans les affaires de concurrence ne fait l'objet d'aucune disposition légale spécifique.

Au cours de la mission d'enquête de l'OCDE, des parties prenantes ont fait observer que les autorités décisionnaires avaient toute discrétion pour évaluer les preuves recueillies au fil de l'enquête et déterminer si l'infraction était constituée. Dans les affaires pénales (ententes injustifiables et abus de position dominante), le niveau de preuve est très élevé car les juges exigent que les pratiques anticoncurrentielles soient prouvées au-delà de tout doute raisonnable. En matière administrative, le niveau de preuve est moins élevé : pour être sanctionnée, l'infraction à la concurrence doit être étayée par des preuves claires et convaincantes.

Les parties prenantes interrogées par l'OCDE se sont inquiétées de la difficulté d'apporter la preuve dans les affaires pénales, qui nuit à l'efficacité de l'application du droit de la concurrence en Thaïlande. Outre le niveau de preuve élevé, la méconnaissance du droit de la concurrence (en particulier parmi les procureurs publics et les juges) ainsi que des concepts juridiques et des principes économiques en la matière, ajouterait encore à la difficulté de sanctionner les atteintes à la concurrence, notamment dans les affaires d'abus de position dominante. Comme mentionné précédemment, dans la plupart des juridictions, les sanctions pénales pour ententes injustifiables sont considérées comme une peine complémentaire (et non substitutive) aux sanctions administratives. En outre, seules les ententes injustifiables voire, dans certaines juridictions, seules les soumissions concertées, constituent des infractions de nature pénale.

L'absence d'infraction per se/par objet au droit de la concurrence nuit également à l'application du droit puisque la preuve des effets anticoncurrentiels doit être apportée même dans les affaires d'ententes injustifiables.

Mesures provisoires

La TCC peut prendre des mesures provisoires avant de statuer sur l'affaire. Les critères généraux relatifs à l'adoption de mesures provisoires sont les suivants : (i) des éléments de preuve crédibles suggérant qu'un ou plusieurs opérateurs commerciaux se sont engagés ou vont s'engager dans un comportement anticoncurrentiel ; et (ii) un comportement entraînant ou susceptible d'entraîner un préjudice à d'autres opérateurs commerciaux ou à l'environnement concurrentiel qu'il serait difficile de réparer ou de corriger ultérieurement. Les mesures provisoires peuvent comprendre des injonctions positives ou négatives (de faire ou de ne pas faire)[104].

Avant le prononcé de mesures provisoires, les parties visées par l'enquête doivent être informées des allégations à leur endroit et être mises en mesure d'y répondre. Toutefois, en cas d'urgence, la TCC peut prononcer des mesures provisoires sans notification et audition préalables des parties visées[105]. Les décisions doivent exposer les motifs en fait et en droit et sont susceptibles d'appel devant les tribunaux[106].

Aucune disposition légale spécifique n'indique qui peut déclencher les mesures provisoires (par ex. mesures prises d'office, ou sur demande des plaignants ou de tiers), ni quand (à quel stade de l'enquête), ni si ces mesures sont soumises à une durée maximale.

Selon la loi sur la concurrence commerciale, l'examen des mesures provisoires relève de la compétence du tribunal administratif central[107]. Cependant, les parties prenantes interrogées par l'OCDE estiment que cela pourrait être source de conflit dans les affaires pénales étant donné que c'est l'IPITC qui a compétence pour rendre la décision finale.

À l'heure où nous écrivons ces lignes, la TCC n'a jamais pris de mesures provisoires dans une affaire de concurrence[108].

Sanctions

Comme indiqué ci-dessus, les sanctions pour atteinte à la concurrence varient suivant le type de comportement[109]. Tant les personnes morales que les personnes physiques (à savoir les dirigeants et responsables qui agissent pour le compte de l'entreprise)[110] peuvent être sanctionnées, comme suit :

- infractions pénales : peine maximale de deux ans d'emprisonnement et/ou amende à concurrence de 10 % du chiffre d'affaires de l'exercice au cours duquel l'infraction a été commise (pour les ententes injustifiables et les abus de position dominante)[111] et peine maximale de trois ans d'emprisonnement et une amende de 50 % de l'offre la plus élevée soumise par les participants à l'entente ou de la valeur du contrat attribué, selon le plus élevé des deux montants (pour les soumissions concertées dans les marchés publics)[112] ;
- infractions administratives (par ex. ententes non injustifiables et pratiques commerciales déloyales) : amende à concurrence de 10 % du chiffre d'affaires de l'exercice au cours duquel l'infraction a été commise[113].

Tant dans les affaires pénales qu'administratives, si l'infraction a été commise au cours du premier exercice de l'opérateur économique, l'amende encourue est plafonnée à 1 million THB (environ 26 240 EUR)[114].

Les dispositions légales ne précisent pas les modalités de calcul de l'amende si l'infraction s'est poursuivie au-delà d'un seul exercice ; il est uniquement fait référence à « l'exercice au cours duquel l'infraction a été commise ». D'après la TCCT, si le comportement sanctionné s'étale sur plusieurs exercices, l'amende doit être calculée sur la base de tous les exercices au cours desquels l'infraction s'est manifestée.

La loi sur la concurrence commerciale ne précise pas non plus s'il faut utiliser le chiffre d'affaires réalisé dans le pays ou le chiffre d'affaires total. Enfin, aucune indication n'est donnée quant aux modalités de calcul des amendes pour les personnes physiques ; les dispositions se réfèrent en effet au « chiffre d'affaires », ce qui ne semble pas applicable aux personnes physiques.

Ni la loi sur la concurrence, ni les règlements internes de la TCCT ne fournissent de méthodologie pour fixer les sanctions[115]. Au cours de la mission d'enquête de l'OCDE, les agents de la TCCT ont indiqué que celles-ci étaient fixées dans les limites spécifiées par la loi sur la concurrence commerciale (à savoir 10 % du chiffre d'affaires de l'exercice au cours duquel l'infraction a été commise), en tenant compte de la gravité de l'infraction, du préjudice pour la concurrence, des bénéfices tirés de l'infraction, et de la coopération des parties au cours de l'enquête. Toutefois, comme mentionné précédemment, l'OCDE n'a pas pu obtenir d'informations substantielles sur les décisions de la TCCT (y compris en ce qui concerne les sanctions) et, partant, n'a pu évaluer le caractère proportionné et dissuasif des sanctions.

Contrairement à ce qui se fait en Thaïlande, la plupart des juridictions dans le monde suivent les mêmes étapes pour fixer le montant des amendes, à savoir : (i) la détermination de l'amende de base ; (ii) la modulation de l'amende de base au vu des circonstances atténuantes ou aggravantes (ex. récidive, rôle du contrevenant dans la commission de l'infraction, coopération avec les autorités chargées de l'enquête, et existence d'un programme de clémence ; et (iii) des ajustements supplémentaires liés aux plafonds légaux et à la capacité financière du contrevenant. La majorité des autorités de la concurrence se basent sur le chiffre d'affaires réalisé dans le pays pour calculer le montant de l'amende, tandis que d'autres se réfèrent au chiffre d'affaires mondial (OCDE, 2016[26]).

L'absence d'orientations claires pour la détermination du montant des amendes est contraire à la Recommandation de l'OCDE sur la transparence et l'équité procédurale dans la mise en œuvre du droit de la concurrence (OCDE, 2021[15]), selon laquelle les juridictions devraient avoir *« un cadre légal clair pour la mise en œuvre du droit de la concurrence, ce qui implique des lois et règlements en matière de concurrence clairement définis et publiquement disponibles »* et *« veiller à ce que la mise en œuvre du droit de la concurrence soit non discriminatoire, proportionnée et cohérente dans des affaires similaires »*.

Le droit thaïlandais ne fait aucune place aux décisions d'engagement, ce qui signifie que la TCCT ne peut mettre fin à une enquête en acceptant des mesures correctives ou des engagements volontaires qui seraient proposés par les parties pour remédier aux préoccupations initiales identifiées par l'organisme. Il s'agit pourtant d'une pratique courante dans de nombreuses juridictions (OCDE, 2016[27]).

Le cadre juridique de la Thaïlande ne prévoit pas non plus de sanctions non pécuniaires telles que l'interdiction d'exercice prononcée à l'égard des dirigeants ou les décisions d'exclusion des soumissionnaires. Ce point est également contraire à la Recommandation de l'OCDE concernant une action efficace contre les ententes injustifiables (OCDE, 2019[17]), qui appelle les juridictions à

> *Prévoir des sanctions efficaces, d'une nature et d'un niveau propres à dissuader les personnes physiques et morales de participer à des ententes injustifiables, et inciter les membres d'une entente à quitter l'entente et à coopérer avec l'autorité de la concurrence. À cet effet, les Adhérents devraient se doter d'un ensemble de sanctions (civiles, administratives et/ou pénales, monétaires et non monétaires) de nature à produire un effet dissuasif approprié dans leur juridiction. Les Adhérents devraient envisager d'instaurer des sanctions à l'encontre des personnes physiques qui ont participé à des ententes.*

La loi sur la concurrence commerciale définit également les sanctions applicables aux infractions procédurales :

- ne pas répondre à une demande de renseignements ou à une convocation à fin de déposition orale est passible de sanctions pénales, à savoir une peine maximale de trois mois d'emprisonnement et/ou de 5000 THB (environ 130 EUR) d'amende[116] ;
- faire obstacle à une perquisition : sanctions pénales, à savoir une peine maximale d'un an d'emprisonnement et/ou de 20 000 THB (environ 520 EUR) d'amende[117] ;
- faire obstruction à l'enquête : sanctions pénales, à savoir une peine maximale d'un mois d'emprisonnement et/ou de 2 000 THB (environ 52 EUR) d'amende[118] ;

- divulguer des informations confidentielles (ex. informations relevant du secret des affaires) obtenues au cours d'une enquête : sanctions pénales, à savoir une peine maximale d'un an d'emprisonnement et/ou de 100 000 THB (environ 2 600 EUR) d'amende[119] ;
- ne pas respecter des mesures provisoires : amende administrative à concurrence de 6 millions THB (environ 157 440 EUR) et astreinte à concurrence de 300 000 THB (environ 7 800 EUR) par jour jusqu'à la cessation du manquement[120].

Les sanctions pénales sont décidées par les tribunaux, les sanctions administratives par la TCC. Si les parties ne se conforment pas à une décision de la TCC, l'Unité des affaires juridiques est chargée de les mettre à exécution en saisissant le Tribunal administratif central d'une demande d'exécution forcée[121].

Transactions

La loi sur la concurrence commerciale autorise la TCC à régler les affaires pénales par voie de transaction[122], une procédure dans laquelle les parties en cause admettent leur responsabilité et acceptent de s'acquitter d'une amende déterminée par l'organisme en fonction de la gravité de l'infraction et du dommage causé à la concurrence[123].

À l'issue de l'enquête, la TCC, ou le Secrétaire général pour le compte de la TCC, offre généralement aux parties en cause la possibilité de conclure une transaction[124]. Néanmoins, cette possibilité peut ne pas être offerte si les parties en cause commettent la même infraction pour la troisième fois ou si l'infraction a eu des répercussions importantes sur la concurrence[125]. Les parties en cause peuvent également adresser à la TCC une demande de règlement par voie de transaction[126].

Si les parties visées par l'enquête acceptent de régler l'affaire par transaction et s'acquittent du montant de l'amende dans le délai imparti par la TCC, l'affaire est close[127]. Dans le cas contraire, la TCC sollicite l'ouverture d'une procédure pénale[128].

La loi sur la concurrence commerciale est muette quant au rôle éventuel du procureur public et/ou de l'IPITC dans la procédure de transaction. Si l'on considère que, légalement, ils ont compétence pour, respectivement, déclencher les poursuites pénales et statuer, la logique voudrait qu'ils aient le dernier mot dans la procédure de transaction. Pourtant, il ne semble pas que ce soit le cas. La TCCT a toutefois indiqué qu'en pratique, les procureurs publics étaient informés lorsqu'une affaire fait l'objet d'une transaction avec la TCC. En revanche, rien n'indique qu'ils aient le droit de s'opposer à une transaction.

Ni la loi sur la concurrence commerciale, ni les règlements internes de la TCCT ne fournissent d'orientations claires sur le calcul des sanctions pécuniaires dans les procédures de transaction, par exemple si leur montant doit être réduit par rapport à celui de l'amende qui serait vraisemblablement prononcée par voie judiciaire. De même, le règlement interne de la TCCT relatif aux transactions ne précise pas les éléments permettant de déterminer qu'un comportement a eu des répercussions importantes sur la concurrence, ce qui interdirait à la TCC de procéder par voie de transaction. Ce point peut nuire à la sécurité juridique en ce qui concerne la mise en œuvre du mécanisme de transaction.

Au cours de la mission d'enquête de l'OCDE, des parties prenantes ont indiqué que les transactions étaient courantes et constituaient l'issue souhaitée car elles accélèrent les procédures en évitant les poursuites pénales. Elles ont ajouté que les opérateurs commerciaux étaient généralement enclins à négocier avec la TCCT et à accepter les transactions.

L'OCDE n'a pas pu obtenir d'informations substantielles sur le nombre de transactions conclues par la TCCT, ni sur les réductions d'amendes accordées. À l'heure de la rédaction du présent rapport, les sources publiquement disponibles font état de trois affaires dans lesquelles l'enquête a conclu à l'existence de pratiques anticoncurrentielles qui se sont soldées par une transaction[129].

Enfin, la loi sur la concurrence commerciale reste floue quant à la possibilité de procéder par voie de transaction dans les affaires de nature administrative. Alors que l'article 79 de la loi sur la concurrence (qui régit la procédure de transaction) vient après l'article relatif aux sanctions pénales et est interprété par la TCCT comme couvrant uniquement les affaires pénales, la disposition stipule qu'elle s'applique à « toutes les infractions visées par la présente loi », ce qui pourrait être interprété comme englobant les infractions administratives.

Transparence des décisions

La législation en matière de divulgation d'informations officielles garantit aux citoyens un droit général à l'accès aux informations officielles de l'administration publique, mais l'assortit de plusieurs exceptions à la formulation ambiguë[130].

En application de cette législation, la TCCT ne met à disposition sur son site Internet que de brèves synthèses des décisions de la TCC, qui livrent très peu d'informations sur les affaires en question. Les noms des contrevenants ne sont pas divulgués[131].

Au cours de la mission d'enquête de l'OCDE, le personnel de la TCCT a indiqué que les décisions n'étaient pas publiées au motif qu'elles contenaient des informations confidentielles, touchant notamment au secret des affaires. Tout en convenant que la mise à disposition d'une version publique de chaque décision présenterait un intérêt, elles estiment qu'une telle communication serait illégale et pourrait entraîner des sanctions individuelles.

Le manque de transparence freine le développement de la politique de la concurrence en Thaïlande. Il limite par exemple la sensibilisation du public aux décisions de la TCC et l'effet dissuasif lié à l'application du droit. En outre, il n'aide pas les entreprises et la société à mieux comprendre la façon dont le droit de la concurrence est interprété et appliqué par la TCCT.

Les pratiques de la Thaïlande contreviennent ici encore à la Recommandation de l'OCDE sur la transparence et l'équité procédurale dans la mise en œuvre du droit de la concurrence (OCDE, 2021[15]), qui recommande aux juridictions de *« veiller à ce que la mise en œuvre du droit de la concurrence soit transparente et prévisible, en (...) publiant les faits, le fondement légal des décisions et les sanctions prononcées par celles-ci, y compris les décisions de règlement transactionnel des affaires, sous réserve de la protection des informations confidentielles »*. La Recommandation livre la définition suivant des informations confidentielles : *« fait référence à des secrets d'affaires et à d'autres informations sensibles, ainsi qu'à toutes autres informations traitées comme confidentielles en vertu de la loi applicable »*[132].

La plupart des juridictions publient leurs décisions sans divulguer les informations relevant du secret des affaires et autres informations confidentielles. Généralement, une version publique de la décision complète est mise à disposition, avec les noms des parties, les principaux points de la décision, et les sanctions infligées[133].

2.4. Contrôle des fusions

L'article 51 de la loi sur la concurrence commerciale instaure un régime de contrôle des fusions en Thaïlande, avec deux systèmes différents :

- un système d'autorisation préalable (système *ex ante*), pour les opérations qui sont susceptibles de créer un monopole ou de conférer une position dominante sur un marché (article 51, paragraphe 2 de la loi sur la concurrence commerciale) ;
- un système de notification postérieure à l'opération de fusion (système *ex post*), sous sept jours à compter de la date de l'opération[134], pour les opérations susceptibles d'entraîner une réduction substantielle de la concurrence sur un marché, selon des critères établis par les règlements de la TCC (article 51, paragraphe 1 de la loi sur la concurrence commerciale).

Dans le système *ex ante*, la notification a un effet suspensif jusqu'à la décision de la TCCT, qui peut autoriser l'opération dans les conditions envisagées par les entreprises participantes ; autoriser l'opération moyennant des mesures correctives ; ou rejeter l'opération.

Dans le système *ex post*, la TCCT évalue l'opération notifiée et prend une « décision de reconnaissance ». Toutefois, la TCCT se contente de reconnaître la matérialité de l'opération, et n'a aucun pouvoir pour intervenir (elle ne peut pas imposer des mesures correctives ou rejeter l'opération), quand bien même elle constaterait que l'opération est anticoncurrentielle.

Comme l'a appris l'OCDE au cours de sa mission d'enquête, l'objectif premier des notifications *ex post* est de recueillir des informations et de surveiller le marché, notamment afin d'identifier un comportement potentiellement anticoncurrentiel et d'en référer à l'Unité d'enquête. Aucune méthode ni aucun critère n'a été formellement établi pour l'examen des notifications *ex post*.

Le système de notification a posteriori, sans pouvoir d'intervention de l'autorité de la concurrence (comme d'imposer des mesures correctives ou de rejeter l'opération), n'est pas chose courante dans les autres juridictions et ne saurait être considéré comme un système efficace de contrôle des fusions. Bien qu'elle ne dispose d'aucun pouvoir quant aux opérations qui lui sont notifiées *ex post*, la TCCT doit néanmoins examiner chacune d'elles, ce qui induit une charge de travail importante et peut nuire au bon fonctionnement du système d'examen *ex ante*. En effet, ainsi que décrit ci-dessous, la TCCT a reçu 12 notifications *ex ante* et 130 notifications *ex post* jusqu'à 2023.

Au vu de ces éléments, les sections 2.4.1 et 2.4.2 concerneront les deux systèmes d'examen, puisqu'elles s'intéressent à la définition des opérations de fusion et aux seuils de notification, tandis que les sections 2.4.3 et 2.4.4 porteront principalement sur le système *ex ante*.

2.4.1. Définition des opérations de fusion

En application de l'article 51, paragraphe 4 de la loi sur la concurrence commerciale, complété par un règlement interne de la TCCT[135], le contrôle exercé par la TCCT porte sur les opérations ci-après :

- une fusion entre producteurs, vendeurs, producteurs et vendeurs, ou prestataires de services, à l'issue de laquelle un opérateur commercial se maintient tandis que les autres cessent d'exister, ou qui donne naissance à un nouvel opérateur commercial ;
- l'acquisition de plus de 50 % des actifs d'un autre opérateur commercial ;
- l'acquisition de parts conférant des droits de vote supérieurs à 50 % du total des droits de vote d'un autre opérateur commercial ;
- l'acquisition de parts, de bons de souscription d'actions ou d'autres valeurs mobilières convertibles en actions représentant plus de 25 % du total des droits de vote d'une société cotée en Bourse.

En ce qui concerne l'acquisition de parts, doivent être prises en compte non seulement les parts de l'opérateur cible, mais également toute autre acquisition de parts aboutissant à la détention de plus de 30 % des droits de vote d'un opérateur commercial relevant d'une politique commune ou d'un contrôle commun[136].

La création d'une co-entreprise n'est pas expressément couverte par la définition légale des opérations de fusion et, d'après la TCCT, elle ne relèverait pas du régime thaïlandais de contrôle des fusions, sauf à ce qu'elle corresponde à l'une des hypothèses ci-dessus.

De plus, comme mentionné à la section 1.3, la notion d'opérateur commercial tel qu'il est défini à l'article 5 de la loi sur la concurrence semble étroite et ne pas couvrir les sociétés de holding, ces dernières n'étant pas des vendeurs, producteurs, ou prestataires de service. Il en résulte que la fusion de deux holdings, par exemple, ne serait pas soumise à examen.

Les opérations de restructuration interne entre opérateurs appartenant à une seule et même entité économique qui ne se livrent pas concurrence sont également exclues du champ d'application du contrôle des fusions[137].

2.4.2. Seuils de notification

Comme indiqué plus haut, deux systèmes d'examen des opérations de fusion coexistent en Thaïlande, chacun comportant des seuils de notification spécifiques qui sont définis par la loi sur la concurrence et les règlements internes de la TCCT[138].

Les opérations susceptibles de créer un monopole ou de conférer une position dominante sur un marché sont soumises à l'approbation *ex ante* de la TCCT (approbation préalable à l'opération)[139].

- Un opérateur commercial est réputé en situation de monopole si[140] :
    - il est le seul acteur du marché en cause et a le pouvoir de déterminer de manière indépendante les prix et les quantités de produits ou de services et
    - son chiffre d'affaires est supérieur à 1 milliard THB (environ 26.24 millions EUR).
- Un opérateur commercial est réputé jouir d'une position dominante si :
    - il détenait une part de marché supérieure à 50 % dans le marché en cause au cours de l'exercice précédent et réalisait un chiffre d'affaires supérieur à 1 milliard THB (environ 26.24 millions EUR)[141] ou
    - il est l'un des trois plus grands opérateurs sur le marché en cause détenant une part de marché combinée supérieure à 75 %, a réalisé un chiffre d'affaires supérieur à 1 milliard THB (environ 26.24 millions EUR) et détenait une part de marché supérieure à 10 % lors de l'exercice précédent[142].

Les opérations de fusion qui entraînent une réduction substantielle de la concurrence sur un marché doivent être notifiées sous sept jours à compter de la réalisation de l'opération (notification postérieure à l'opération)[143]. Une opération est considérée comme entraînant une réduction substantielle de la concurrence dès lors que les critères cumulatifs ci-après sont remplis[144] :

- le chiffre d'affaires de l'un des participants à l'opération ou le chiffre d'affaires combiné de l'ensemble des participants est supérieur à 1 milliard THB (environ 26.24 millions EUR), en incluant le chiffre d'affaires de tous les opérateurs commerciaux appartenant à une seule et même entité économique et
- l'opération ne crée pas un monopole ou ne confère pas une position dominante à un opérateur commercial.

La loi sur la concurrence commerciale inclut des éléments très divers dans les seuils de notification (monopole, position dominante et réduction substantielle de la concurrence) qui présentent des chevauchements avec l'évaluation de la concurrence, que la plupart des autorités de la concurrence traitent généralement à un stade ultérieur. En outre, le fait que le régime ex ante ne couvre que les opérations susceptibles de créer un monopole ou de conférer une position dominante semble indiquer que seuls les effets unilatéraux sont considérés comme fondant une intervention de contrôle, au détriment des effets coordonnés.

La TCCT a essayé de compléter les seuils légaux par l'ajout de différents éléments dans ses règlements internes, notamment un test basé sur le chiffre d'affaires et un autre sur les parts de marché. Néanmoins, l'évaluation de la concurrence reste un élément important à examiner avant la notification. Qui plus est, on ne trouve aucune orientation sur certains des critères. Par exemple, on ne sait pas bien si le chiffre d'affaires visé est celui de l'exercice précédent.

On ne sait pas très bien non plus si seul le chiffre d'affaires réalisé en Thaïlande doit être pris en compte. Contrairement à la Thaïlande, la plupart des juridictions utilisent un critère de rattachement local, par exemple le montant des actifs locaux ou le chiffre d'affaires réalisé localement, pour déterminer leurs seuils de notification (OCDE, 2016[28]). La Recommandation de l'OCDE sur le contrôle des fusions (OCDE, 2005[29]) stipule d'ailleurs que les juridictions doivent *« n'exercer leur compétence que sur les fusions qui présentent un lien approprié avec leur juridiction »*.

Outre ce manque de clarté, les seuils de notification induisent un examen complexe du marché en cause et des activités des entreprises qui est particulièrement difficile en Thaïlande, ainsi que nous l'avons exposé précédemment. Cela peut entraîner des coûts élevés pour les entreprises concernées et une incertitude considérable quant à l'interprétation de l'obligation de notification, qui peut faire naître un doute quant à la nécessité de notifier l'opération, et quant au type de notification nécessaire. Cela risque également de mener à des erreurs à la fois de type 1 (notification d'opérations qui ne devraient pas être notifiées) et de type 2 (défaut de notification d'opérations qui devraient l'être).

Lors de la mission d'enquête de l'OCDE, certaines parties prenantes ont mentionné qu'en pratique, il pouvait être très difficile d'établir si une opération donnée devait être notifiée. En particulier, plusieurs juristes privés interrogés par l'OCDE ont indiqué qu'ils recommandaient souvent à leurs clients de notifier une opération *ex ante* pour se prémunir d'une sanction pour mise en œuvre anticipée, ce qui alourdit le coût et allonge la durée des opérations. De plus, en notifiant les opérations, les entreprises reconnaissent l'existence d'une atteinte potentielle à la concurrence par l'opération en question, si l'on considère que les seuils de notification incluent déjà un examen de l'impact de l'opération sur la concurrence, comme mentionné ci-dessus.

Pour éviter des coûts et une charge administrative trop importants aux parties à une fusion, la Recommandation de l'OCDE sur le contrôle des fusions recommande aux Membres d'*« utiliser des critères clairs et objectifs pour déterminer si et quand une fusion doit être notifiée ou, dans les pays n'ayant pas prévu de notification obligatoire, si et quand une fusion va répondre aux conditions d'un contrôle »* (OCDE, 2005[29]).

D'après la TCCT, entre 2017 (année d'entrée en vigueur de la loi sur la concurrence commerciale) et 2023, l'organisme a reçu 12 notifications *ex ante* et 130 notifications *ex post*, comme l'indique le tableau ci-après.

Tableau 2.1. Nombre de notifications de fusions reçues par la TCCT, 2017-23

Année	Notifications *ex ante*	Notifications *ex post*
2017	0	0
2018	0	0
2019	1	23
2020	3	13
2021	4	28
2022	3	39
2023	1	27
Total	12	130

Source : données communiquées par la TCCT.

Le nombre de notifications de fusions semble particulièrement bas en Thaïlande, notamment en ce qui concerne les notifications *ex ante*. Cela suggère que les seuils actuels de notification sont trop élevés et que, par conséquent, un certain nombre d'opérations anticoncurrentielles échappent au contrôle.

Graphique 2.1. Nombre moyen de notifications de fusions par juridiction, 2018-22

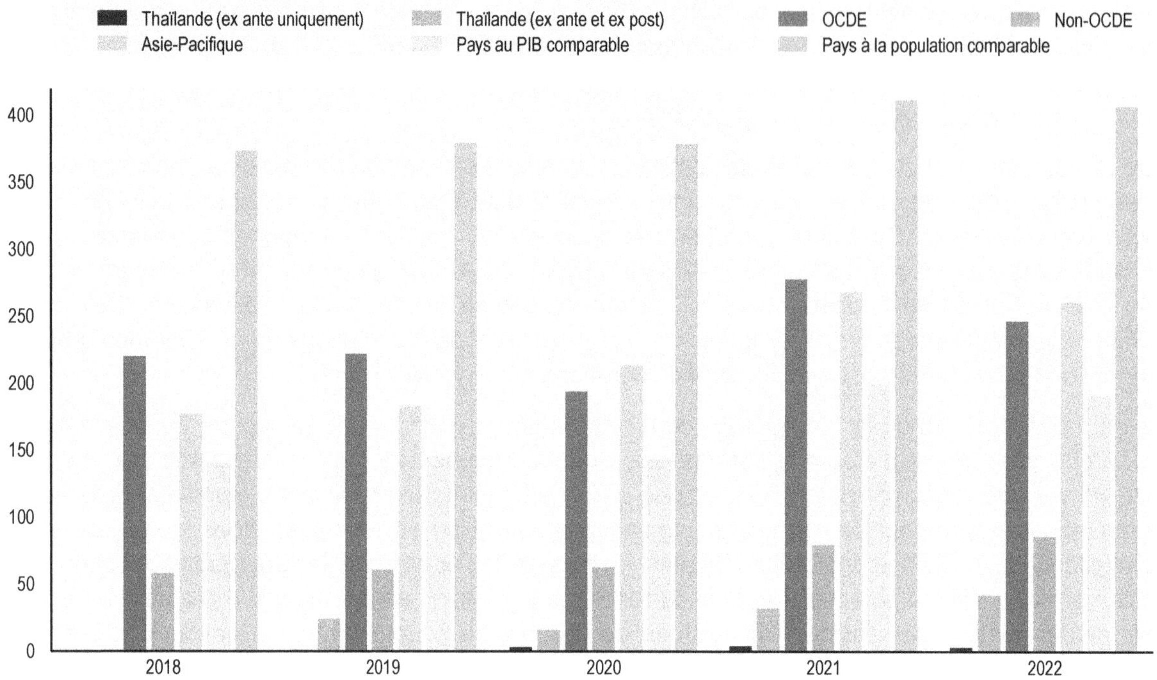

Note : Les groupes de référence sont les mêmes que ceux utilisés pour le graphique 1.3. Les groupes de référence pour le PIB incluent la Malaisie et le Bangladesh, deux pays qui ne sont pas pourvus d'un régime de contrôle des fusions.
Source : base de données CompStats de l'OCDE et TCCT

Il n'existe pas de méthode ou de principe général unique pour déterminer les montants optimaux des seuils de notification. Néanmoins, la nécessité de tenir compte d'un ensemble de facteurs pour définir ces seuils fait l'objet d'un certain consensus. Parmi ces critères figurent notamment : la taille de l'économie (par ex. son produit intérieur brut) ou de certains secteurs ; la taille des entreprises présentes sur le territoire ; les données issues d'opérations précédentes ; le nombre moyen d'opérations qui peuvent effectivement être examinées ; les pratiques de juridictions comparables ; les obligations d'information initiales ; la faculté de valider rapidement les opérations qui ne soulèvent pas de préoccupations au regard de la concurrence ; la compétence ou non de l'autorité de la concurrence pour examiner les opérations qui ne sont pas soumises à notification. En outre, il est recommandé que les seuils de notification soient révisés régulièrement et ajustés le cas échéant afin qu'ils restent pertinents et qu'ils continuent de refléter la situation de l'économie (ICN, 2008[30]). C'est également ce que préconise la Recommandation de l'OCDE sur le contrôle des fusions (OCDE, 2005[29]), qui dispose que *« les pays membres doivent examiner régulièrement leurs lois et leurs pratiques en matière de fusions en vue de les améliorer et de les faire converger vers les pratiques exemplaires reconnues dans ce domaine »*.

2.4.3. Procédure

Phase préalable à la notification

Comme dans d'autres juridictions, la loi sur la concurrence ne prévoit pas expressément une phase préalable à la notification au cours de laquelle les candidats à la fusion pourraient demander l'avis de la TCCT sur certains points, par exemple pour savoir si l'opération en question est soumise à notification (et, le cas échéant, s'il s'agit d'une obligation de notification *ex ante* ou *ex post*), pour identifier les problèmes de concurrence qu'elle pourrait susciter, ou pour se renseigner sur les documents qu'ils doivent se préparer à joindre à la notification. La TCCT n'a en outre pris aucun règlement interne sur une procédure de ce type.

Néanmoins, les parties prenantes interrogées lors de la mission d'enquête de l'OCDE ont confié qu'en pratique, les candidats à une opération de fusion avaient pour habitude de consulter la TCCT avant toute notification, principalement pour s'enquérir du type de notification requise, en raison de l'incertitude juridique qui entoure les seuils de notification, comme exposé ci-dessus. La TCCT encourage ces consultations informelles pour accélérer le processus d'examen, ses agents pouvant commencer à travailler sur l'affaire avant la notification proprement dite. La consultation préalable présente également l'intérêt de limiter le risque de présenter un dossier incomplet. Elle ne lie ni la TCCT ni les parties à l'opération, ce qui correspond aux usages constatés dans la plupart des juridictions.

Notification

La loi sur la concurrence commerciale ne précise pas la forme et le contenu des notifications, mais la TCCT a adopté un règlement interne portant sur ces aspects[145]. En vertu de ce règlement, les notifications visant à obtenir une validation *ex ante* doivent être présentées à l'aide d'un formulaire disponible sur le site Internet de la TCCT[146], accompagné de plusieurs documents. Parmi ces documents figurent un plan de l'opération projetée et son calendrier, ainsi que des rapports d'information sur la structure de l'actionnariat et du marché avec la définition du marché, les parts de marché détenues, le chiffre d'affaires réalisé et les effets potentiels de la fusion (ex. sur la concentration du marché, les barrières à l'entrée, les effets unilatéraux et coordonnés, et les incidences sur le bien-être économique et les consommateurs en général)[147].

Le dépôt d'une notification à fin de validation *ex ante* entraîne des frais de dossier de 250 000 THB (environ 6 525 EUR)[148]. Ce montant résulte de la loi sur la concurrence commerciale et n'a pas été modifié depuis son entrée en vigueur en 2017. La loi sur la concurrence commerciale ne prévoit pas de mécanisme souple d'ajustement de ces frais dans le temps via, par exemple, une indexation sur l'inflation ou une procédure non législative (par décret gouvernemental par exemple). Les notifications *ex post* ne donnent pas lieu à des frais de dossier.

Calendrier

Le dépôt d'une notification *ex ante* déclenche un délai de 90 jours pendant lequel la TCCT doit prendre une décision sur le projet de fusion. Ce délai peut être prolongé de 15 jours sur décision motivée de la TCC[149].

Il s'applique quelle que soit la complexité de l'opération examinée. En effet, le système thaïlandais n'opère pas de distinction en fonction de la complexité de l'opération ou des conclusions de l'analyse initiale.

La TCCT peut recueillir des déclarations et demander des informations supplémentaires aux parties à l'opération ainsi qu'aux tiers (entités publiques comme privées)[150]. Ces demandes d'informations ne suspendent pas le délai dans lequel la TCCT doit communiquer sa décision finale.

La TCCT n'est pas tenue de rendre publics le dépôt d'une notification de fusion et le lancement d'un examen, par exemple en divulguant le nom des parties impliquées et leur activité économique. Les tiers ne sont pas autorisés à intervenir dans la procédure en formulant une opinion ou en communiquant des données, à moins que la TCCT n'en fasse la demande.

Contrairement à la Thaïlande, la plupart des juridictions permettent à des tierces parties de participer au processus d'examen des fusions ; les éléments supplémentaires qu'elles sont susceptibles d'apporter ainsi que leur avis durant l'enquête peuvent en effet éclairer les décisions de l'autorité de la concurrence. La Recommandation de l'OCDE sur le contrôle des fusions (OCDE, 2005[29]) reconnaît également que *« les tiers ayant un intérêt légitime dans la fusion examinée (...) doivent avoir une véritable opportunité d'exprimer leurs avis au cours du processus de contrôle de la fusion »*. Le fait que les décisions ne soient pas publiées peut également empêcher les tierces parties de contester le raisonnement de l'autorité de la concurrence au moyen d'un recours.

La procédure ne fait pas l'objet de règles précises, par exemple pour que les parties à la fusion soient mises en mesure de consulter la TCCT à des étapes clés de l'enquête. En l'absence de règles procédurales claires, il est difficile de garantir l'effectivité des droits de la défense des parties à l'opération et d'autres droits légaux. Au cours de la mission d'enquête de l'OCDE, plusieurs parties prenantes ont fait part de leurs préoccupations quant à l'équité procédurale en Thaïlande, notamment dans le contexte du contrôle des fusions. Cela contrevient à la Recommandation de l'OCDE sur le contrôle des fusions (OCDE, 2005[29]), selon laquelle *« les lois relatives aux fusions doivent assurer l'équité procédurale aux parties à la fusion, notamment la possibilité pour elles d'obtenir en temps opportun les informations suffisantes sur les préoccupations significatives pour la concurrence suscitées par une fusion »* et *« une véritable opportunité de répondre à ces préoccupations »* (OCDE, 2005[29]).

Les décisions sur les opérations de fusion doivent être motivées en fait et en droit[151]. Dans un délai de sept jours à compter de la décision, la TCCT doit la notifier aux parties à la fusion, qui disposent alors de 60 jours pour contester le raisonnement suivi au moyen d'un recours auprès du tribunal administratif central[152].

Seule une version très abrégée des décisions finales est publiée sur le site Internet de la TCCT, avec très peu de détails sur l'affaire (par ex., sans divulguer les noms des parties ou même leur secteur d'activité). Cela contrevient à la Recommandation de l'OCDE sur la transparence et l'équité procédurale dans la mise en œuvre du droit de la concurrence (OCDE, 2021[15]), qui invite les juridictions à *« veiller à ce que la mise en œuvre du droit de la concurrence soit transparente et prévisible, en (...) publiant les faits, le fondement légal des décisions et les sanctions prononcées par celles-ci, y compris les décisions de règlement transactionnel des affaires, sous réserve de la protection des informations confidentielles »*. Cette pratique est également contraire à la Recommandation de l'OCDE sur le contrôle des fusions (OCDE, 2005[29]), qui préconise que les membres publient *« des explications motivées des décisions consistant à contester, bloquer ou conditionner formellement l'approbation d'une fusion »*.

Lors de la mission d'enquête de l'OCDE, certaines parties prenantes ont estimé que le délai de 90 jours (éventuellement prolongé de 15 jours) prévu pour l'examen était trop court pour les dossiers complexes. Ce peut être particulièrement problématique étant donné que ce délai est fixe (à savoir qu'il ne peut être suspendu par une demande d'informations supplémentaires de la TCCT). Pour contourner cette limitation dans le temps, la TCCT commence à examiner les opérations avant leur notification officielle, lorsqu'elles sont portées à sa connaissance à la faveur d'une consultation avant notification ou par les médias. La phase de notification préalable informelle est également mise à profit pour assurer que les parties à la fusion fourniront les documents et informations nécessaires dès la notification formelle.

D'après la TCCT, en pratique, le processus d'examen des fusions prend en moyenne 78 jours[153].

L'absence de procédure simplifiée dans le droit Thaïlandais augmente la durée de l'examen des fusions, notamment lorsque l'opération ne pose pas spécialement de problèmes de concurrence. Cela peut avoir pour effet d'alourdir les coûts pour les entreprises et de décourager des fusions qui seraient pourtant neutres, voire bénéfiques, sur le plan de la concurrence.

De nombreuses juridictions ont mis en place un régime simplifié d'examen des fusions, avec un processus de notification et/ou d'examen simplifié lorsque l'opération remplit certains critères (fondés, par ex., sur l'absence de chevauchements horizontaux ou de relations verticales entre les parties à la fusion, et sur les parts de marché combinées). En 2021, sur un échantillon de 68 juridictions, 44 disposaient d'un régime simplifié de contrôle des fusions (OCDE, 2023[31]). La Recommandation de l'OCDE sur le contrôle des fusions (OCDE, 2005[29])] appelle les membres à adopter des procédures visant *« à s'assurer que les fusions qui ne suscitent pas de préoccupations importantes du point de vue de la concurrence fassent l'objet d'une procédure d'examen et d'approbation accélérée ».*

2.4.4. Analyse de fond et mesures correctives

Ni la loi sur la concurrence commerciale ni les règlements internes de la TCCT ne prévoient de test clair pour l'examen au fond du régime *ex ante*. Il n'existe pas de lignes directrices indiquant les éléments que la TCCT doit prendre en compte pour analyser les opérations de fusion, malgré les efforts déployés par l'OCDE pour aider la Thaïlande en ce sens (OCDE, 2021[32]).

En vertu de la loi sur la concurrence commerciale, la TCCT doit s'intéresser à plusieurs aspects avant d'autoriser une fusion : (i) les besoins de l'activité ; (ii) les avantages à promouvoir un opérateur commercial ; (iii) l'absence de préjudice grave pour l'économie ; et (iv) l'absence d'incidences négatives pour les consommateurs en général[154]. Cependant, aucune orientation n'a été définie sur la façon dont la TCCT doit évaluer ces aspects.

Les informations et les documents que doivent remettre les parties à la fusion lorsqu'elles notifient une opération de fusion donnent également des indications sur les éléments examinés par l'autorité. Comme mentionné précédemment, ils doivent couvrir la définition du marché (voir section 2.2.1), la concentration du marché, les barrières à l'entrée, les effets unilatéraux et les effets coordonnés, l'impact de l'opération sur le bien-être général de l'économie et sur les consommateurs, et les gains d'efficience tirés de l'opération[155].

À l'occasion de la mission d'enquête de l'OCDE, les agents de la TCCT ont confirmé que les principaux éléments pris en compte lors de l'examen d'une opération de fusion sont la définition du marché en cause, l'analyse de sa structure (notamment des parts de marché) et des barrières à l'entrée, la probabilité d'une collusion post-fusion, et l'impact de l'opération sur l'économie, tant au niveau micro que macroéconomique. La TCCT a également indiqué que tous les types d'opérations (horizontales, verticales, et conglomérats) étaient soumis à examen.

L'analyse semble se concentrer sur la structure du marché plutôt que sur la réduction de la concurrence[156], ce qu'ont confirmé les parties prenantes interrogées par l'OCDE, selon lesquelles la TCCT ne réalise pas d'analyse économique en profondeur lors de son examen et s'intéresse principalement aux aspects structurels de l'opération. En effet, comme nous l'évoquions précédemment, une approbation *ex ante* est requise pour les opérations qui créent un monopole ou confèrent une position dominante sur le marché en cause, tandis que celles qui sont susceptibles d'entraîner une réduction substantielle de la concurrence font seulement l'objet d'un examen *ex post*, à l'issue duquel la TCCT n'a aucun réel pouvoir d'intervention.

La TCCT peut approuver une fusion sous conditions[157]. Aucune disposition juridique, que ce soit dans la loi sur la concurrence commerciale ou dans les règlements internes de la TCCT, ne porte sur les mesures correctives, par exemple pour en définir les principes de base, les exigences et la procédure.

Si les parties à la fusion ne se conforment pas aux mesures correctives imposées par la TCCT, l'organisme peut revenir sur son autorisation, en tout ou en partie[158], et sanctionner les parties d'une amende[159].

Au cours de la mission d'enquête de l'OCDE, les agents de la TCCT ont indiqué que les mesures correctives pouvaient être de nature comportementale ou structurelle, et qu'elles étaient déterminées au cas par cas. Toutefois, en pratique, les mesures comportementales ont la préférence de la TCCT (par ex., interdiction faite aux parties à la fusion de procéder à d'autres opérations de fusion). La TCCT n'a jamais imposé de mesures structurelles.

Le contrôle du respect des mesures correctives imposées relève de la TCCT. Selon cette dernière, jusqu'à présent, les parties aux fusions ont toujours appliqué les mesures imposées et collaboré avec la TCCT lors du suivi de leur mise en œuvre. Toutefois, cela n'a pu être confirmé par l'OCDE en raison de l'absence de données publiquement accessibles.

D'après les parties prenantes interrogées par l'OCDE, les mesures correctives imposées par la TCCT ont jusqu'ici été limitées, et inefficaces à régler véritablement les problèmes de concurrence identifiés. Elles se sont également montrées sceptiques quant à la capacité de la TCCT à contrôler efficacement la mise en œuvre des mesures comportementales imposées.

Les décisions de la TCCT ne sont généralement pas publiées, et les synthèses disponibles sur le site Internet de la TCCT permettent rarement de se faire une bonne compréhension de l'analyse de fond menée par l'organisme[160]. Les noms des parties à la fusion ne sont en principe pas communiqués, hormis pour les sociétés cotées en Bourse qui sont tenues de divulguer l'opération en application de la réglementation de la Commission des opérations de bourse. L'OCDE n'a donc pas été en mesure d'examiner en profondeur le contrôle exercé en pratique par la TCCT sur les opérations de fusion. Comme mentionné précédemment, la non-publication des décisions contrevient à la Recommandation de l'OCDE sur la transparence et l'équité procédurale dans la mise en œuvre du droit de la concurrence (OCDE, 2021[15]), qui recommande aux juridictions de *« veiller à ce que la mise en œuvre du droit de la concurrence soit transparente et prévisible, en (...) publiant les faits, le fondement légal des décisions et les sanctions prononcées par celles-ci, y compris les décisions de règlement transactionnel des affaires, sous réserve de la protection des informations confidentielles »*. De même, en vertu de la Recommandation de l'OCDE sur le contrôle des fusions (OCDE, 2005[29]), *« les pays Membres doivent faire en sorte que les règles, les mesures, les pratiques et les procédures intervenant dans le processus de contrôle des fusions, soient transparentes et publiquement disponibles, y compris en publiant des explications motivées des décisions consistant à contester, bloquer ou conditionner formellement l'approbation d'une fusion »*.

D'après les informations communiquées par la TCCT, entre 2018 et 2023, l'autorité a reçu 12 notifications d'opérations dans le cadre du système d'approbation préalable. Sur ces 12 opérations, six ont été autorisées sans condition, trois sous conditions, et trois n'étaient pas soumises à l'obligation d'approbation *ex ante*. La TCCT n'a jamais interdit aucune fusion.

Tableau 2.2. Décisions de la TCCT relatives aux opérations de fusion, 2018-2023

Année	Nombre d'opérations notifiées	Nombre d'opérations notifiées ne relevant pas de l'obligation d'approbation	Nombre d'opérations autorisées	Nombre d'opérations autorisées sous conditions	Nombre d'opérations interdites
2018	0	0	0	0	0
2019	1	0	1	0	0
2020	3	0	2	1	0
2021	4	2	1	1	0
2022	3	1	2	0	0
2023	1	0	0	1	0
Total	12	3	6	3	0

Source : données communiquées par la TCCT.

2.4.5. Sanctions

La TCCT peut imposer une amende administrative d'un montant maximal de 0.5 % de la valeur de l'opération (i) si une opération soumise à notification *ex ante* est mise en œuvre avant toute notification ; ou (ii) si une opération ayant fait l'objet d'une notification est mise en œuvre avant autorisation de l'autorité de la concurrence (manquement à l'obligation de statu quo)[161]. Si la TCCT a autorisé une opération sous conditions, une amende du même montant peut être infligée si les parties à l'opération ne respectent pas les mesures imposées[162].

La plupart des juridictions définissent le montant des amendes sanctionnant une mise en œuvre anticipée en fonction d'un pourcentage du chiffre d'affaires du contrevenant, tandis que d'autres prévoient des amendes fixes ou journalières. Il est rare que le montant de l'amende soit fonction de la valeur de l'opération (ICN, 2020[33]).

La TCCT peut également infliger une amende administrative d'un montant maximal de 200 000 THB (environ 5 200 EUR), assortie d'une astreinte pouvant aller jusqu'à 10 000 THB (environ 260 EUR) par jour pendant toute la durée de l'infraction, aux opérateurs commerciaux qui ne respectent pas l'obligation de notification *ex post* sous 7 jours à compter de la date de l'opération[163].

La TCCT a indiqué n'avoir jamais infligé d'amende pour non-respect de l'obligation de notification *ex ante*, de l'obligation de statu quo ou de mesures correctives. Au cours de la mission d'enquête de l'OCDE, les agents de la TCCT ont indiqué qu'ils s'efforçaient de détecter activement les manquements aux règles de contrôle des fusions, notamment en exerçant une veille des informations accessibles au public, une méthode qui ne peut toutefois être réellement efficace que pour les sociétés cotées en Bourse. La TCCT reçoit également des plaintes concernant des violations potentielles.

À l'heure de la rédaction de ce rapport, la TCCT a sanctionné à huit reprises des opérateurs pour défaut de notification d'une opération, chaque fois dans le cadre du régime de notification *ex post*. N'ayant pas eu accès aux décisions en question, l'OCDE n'a pas été en mesure d'identifier les motifs du défaut de notification.

2.5. Contrôle juridictionnel

Les décisions de la TCCT constituent des actes administratifs qui peuvent être soumis à l'examen du Tribunal administratif central. Les décisions de ce tribunal sont ensuite susceptibles de recours devant la Cour administrative suprême, qui statue en dernier ressort sur toutes les décisions de la TCCT[164].

Quiconque subit un préjudice du fait d'une décision de la TCCT peut faire appel de cette décision pour des motifs de fait et/ou de droit[165]. Généralement, ce recours doit être exercé sous 90 jours à compter de la date à laquelle le demandeur a eu connaissance ou aurait dû avoir connaissance du fondement à agir, qui est en règle générale la notification de la décision administrative[166]. Néanmoins, la loi sur la concurrence commerciale contient des dispositions spécifiques relatives aux recours contre les décisions en matière de contrôle des fusions et de mesures provisoires, qui doivent être exercés sous 60 jours à compter de leur notification[167]. Les décisions du Tribunal administratif central sont susceptibles d'appel sous 60 jours à compter de la date de la décision[168].

Le tribunal administratif central a compétence pour examiner les décisions de la TCCT sur le fond et pour en contrôler la légalité. La Cour administrative suprême limite généralement son examen aux moyens de droit.

À l'heure de la rédaction du présent rapport, le Tribunal administratif central n'a rendu qu'un petit nombre de décisions liées au droit de la concurrence, tandis que six recours portant sur des décisions de la TCCT sur des pratiques commerciales déloyales sont en cours d'examen.

Au cours de la mission d'enquête de l'OCDE, plusieurs parties prenantes ont indiqué qu'en pratique, le Tribunal administratif central avait tendance à limiter son contrôle aux aspects procéduraux des décisions de la TCCT. De même, le tribunal a adopté une approche a minima des dossiers de concurrence, et s'en remet aux compétences techniques de la TCCT sur les questions de fond.

Les parties prenantes ont également relevé l'absence de délais impartis aux tribunaux et la longueur des procédures judiciaires. Enfin, elles ont fait part de préoccupations quant aux compétences des juges pour évaluer les affaires de concurrence. L'OCDE n'a connaissance d'aucune activité de formation sur le droit de la concurrence à l'intention des magistrats thaïlandais.

En vertu de la Recommandation de l'OCDE sur la transparence et l'équité procédurale dans la mise en œuvre du droit de la concurrence, les tribunaux devraient être en mesure de procéder à l'examen *« des faits et des preuves, et du bien-fondé des décisions d'application du droit de la concurrence »*. De plus, les juridictions devraient *« œuvrer pour que la révision soit effectuée dans un délai raisonnable, en tenant compte de la nature et de la complexité de l'affaire »* (OCDE, 2021[15]).

Les décisions en matière pénale sont rendues par l'IPITC et soumises au contrôle de la Cour d'appel des affaires spéciales et de la Cour suprême. La Cour d'appel des affaires spéciales peut connaître des appels sur des points de fait et de droit, tandis que la Cour suprême limite généralement son examen aux recours en droit (contrôle de la légalité).

À l'heure où nous écrivons ces lignes, l'IPITC n'a jamais rendu de décision dans une affaire de droit de la concurrence. Aucune information concernant le fonctionnement réel du tribunal n'a été fournie à l'équipe de l'OCDE.

2.6. Action civile

Les victimes d'infractions à la loi sur la concurrence commerciale peuvent intenter une action en réparation du préjudice subi. Le Bureau du Conseil de la protection des consommateurs (OCPB), qui est l'autorité thaïlandaise de protection des consommateurs, ainsi que les associations ou fondations reconnues par l'OCPB sont également en droit de demander réparation pour le compte de consommateurs ou de leurs membres (dans le cadre d'actions collectives)[169].

Les actions en réparation relèvent de la compétence de l'IPITC, que l'infraction soit de nature pénale ou administrative.[170]

La loi sur la concurrence commerciale ne précise pas si la constatation d'un comportement répréhensible soit par la TCC, soit par l'IPITC, est un prérequis pour intenter une action au civil. Par conséquent, dans le principe, tant les actions de suite que les actions autonomes semblent possibles. Pour ce qui est des actions de suite, on ne dispose pas d'informations claires sur la force probante des décisions concluant à une infraction.

Le délai pour agir en réparation est d'un an à compter de la date à laquelle les victimes ont eu connaissance ou auraient dû avoir connaissance de la cause du dommage (à savoir la pratique anticoncurrentielle)[171]. Néanmoins, le flou subsiste quant à l'interprétation que pourraient faire les tribunaux de cette disposition, ce qui pourrait dissuader les victimes d'intenter une action par peur que le délai de prescription soit déjà écoulé.

Ajoutée au manque de culture de la concurrence en Thaïlande, la non-publication des décisions fait qu'il est difficile pour les victimes de prendre connaissance d'atteintes à la concurrence. Si, en théorie, les parties intéressées peuvent requérir l'accès aux informations d'une affaire, en pratique, il est rare que ces demandes soient accueillies favorablement en raison de la législation en matière de divulgation d'informations officielles de la TCCT, et ce même lorsque l'affaire est close[172].

À l'heure de la rédaction du présent document, aucune action civile en réparation n'a été intentée en Thaïlande.

3 Promotion des principes de concurrence et coopération institutionnelle

Le présent chapitre examine la promotion de la concurrence en Thaïlande par la TCCT, notamment par le biais d'avis sur les politiques et les réglementations, d'activités de sensibilisation et de formation, ainsi que d'études de marché. Il examine également la coopération institutionnelle de la TCCT avec d'autres entités nationales et les autorités de la concurrence d'autres pays.

3.1. Promotion et sensibilisation aux principes de concurrence

La loi sur la concurrence commerciale confère à la TCCT des compétences en matière de promotion des principes de concurrence ; elle peut notamment formuler des avis, réaliser des études de marché, organiser des formations et mener des actions de sensibilisation auprès de l'administration publique et du public en général[173]. Cependant, les dispositions légales sur ces fonctions sont succinctes et n'offrent pas d'orientations spécifiques sur la façon dont la TCCT peut les mener à bien. En outre, peu d'informations sont librement accessibles sur les efforts de sensibilisation déployés par la TCCT, et rien n'a été communiqué lors de l'examen par les pairs. Il n'est donc pas possible de procéder à une évaluation précise des activités de la TCCT dans ce domaine.

3.1.1. Avis sur les politiques et les réglementations

La TCCT peut adresser des avis et des recommandations non contraignantes au ministre du Commerce, au Cabinet et aux organismes gouvernementaux (par exemple, les régulateurs sectoriels, dont ceux disposant de pouvoirs de mise en application du droit) sur les politiques et les réglementations afin qu'ils favorisent la concurrence[174]. Ces activités sont menées par la Division des affaires politiques, et les avis et recommandations formels doivent être approuvés par la TCC.

La TCCT n'a pas le pouvoir de soumettre des avis au Parlement (sur, par ex., des propositions de lois ou des lois existantes) ou à d'autres ministères, ce qui fut confirmé lors de la mission d'enquête de l'OCDE. Par conséquent, ses avis se limitent aux textes d'application (ceux adoptés par les régulateurs sectoriels par exemple) et aux politiques publiques (par ex. sur les politiques en matière de commerce international et de régulation des prix adoptées par le ministère du Commerce).

La TCA ne précise pas à qui revient l'initiative des actions de sensibilisation de la TCCT, c'est-à-dire si elles peuvent être décidées d'office et/ou sur demande de l'autorité compétente ou d'une partie intéressée (par ex., dont les intérêts peuvent être affectés). De même, aucun délai n'a été défini pour la soumission des avis de la TCCT. La loi sur la concurrence commerciale ne dit pas non plus si les organes publics auxquels sont adressés les avis de la TCCT doivent y répondre ou motiver leur refus d'en tenir compte.

La TCCT n'a pris aucun règlement interne visant à préciser les procédures et les principes d'analyse qu'elle applique pour élaborer ses avis, notamment les critères retenus pour identifier les problèmes de concurrence potentiels ou la méthodologie d'examen des politiques publiques et des règlementations susceptibles de porter atteinte à la concurrence. Enfin, elle n'a pas mis en place de suivi de la mise en œuvre de ses recommandations.

Les avis de la TCCT ne sont pas accessibles au public. Au cours de la mission d'enquête de l'OCDE, les agents de la TCCT ont indiqué que ces efforts n'en étaient encore qu'à leurs prémices, et qu'ils étaient pour l'instant axés sur les textes du ministère du Commerce. Ils n'ont fourni que très peu d'exemples d'initiatives de sensibilisation passées, sans informations détaillées[175]. De même, aucun exemple concret d'avis soumis à des régulateurs sectoriels disposant de pouvoirs de mise en application du droit n'a été communiqué.

En vertu de la Recommandation de l'OCDE sur l'évaluation d'impact sur la concurrence, les juridictions *« devraient instaurer une procédure appropriée permettant l'identification des politiques publiques existantes ou envisagées* [au niveau législatif comme réglementaire] *qui restreignent indûment la concurrence, élaborer des critères spécifiques et transparents pour l'évaluation d'impact sur la concurrence »* et *« adopter l'alternative la plus favorable à la concurrence »*. Les autorités de la concurrence devraient en outre être associées au processus d'évaluation d'impact sur la concurrence (OCDE, 2019[34]).

3.1.2. Activités d'ouverture et de formation

La TCCT est chargée des activités d'ouverture et de formation visant à la diffusion des connaissances auprès d'autres entités publiques, des acteurs économiques et du grand public et à leur sensibilisation à l'importance de la concurrence et à ses bienfaits[176]. Ces activités sont menées par la Division de l'information et de la sensibilisation du public.

Aucun plan n'a été défini pour structurer les activités d'ouverture, qui sont menées au cas par cas.

Au cours de la mission d'enquête de l'OCDE, les agents de la TCCT ont indiqué concentrer leurs efforts sur la sensibilisation au droit de la concurrence des opérateurs commerciaux et sur les questions qui donnaient lieu à de nombreuses plaintes, en coordination avec l'Unité d'enquête.

La TCCT a mené des campagnes pédagogiques et publié des contenus sur son site Internet et les plateformes de médias sociaux[177], ainsi que dans les médias généralistes (radio, télévision et presse écrite). Des chansons ont également été créées pour permettre au public de mieux comprendre le droit de la concurrence.

La TCCT a organisé divers événements de formation avec des organismes gouvernementaux (dont la BoT, la NACC et la NBTC), la communauté des entreprises et des universités. Ont été ainsi organisés un séminaire en décembre 2022 pour sensibiliser au droit de la concurrence et aux conditions du crédit commercial dans la région basse du nord de la Thaïlande qui a accueilli plus de 120 participants[178] ; une conférence sur le contrôle des fusions pour des étudiants à l'université en avril 2023[179] ; et une session de formation sur le droit de la concurrence à l'intention des employés d'une entreprise en mars 2024[180].

La TCCT a également mis au point un cours gratuit et proposé en accès libre sur sa plateforme de formation en ligne, qui permet d'acquérir des connaissances de base en droit de la concurrence et en économie[181]. Le personnel de la TCCT interrogé par l'OCDE a expliqué que le premier module du cours en ligne était d'ores et déjà opérationnel, et que des modules supplémentaires devaient voir le jour afin de proposer des contenus plus approfondis.

La TCCT n'a jamais évalué l'efficacité de ses activités d'ouverture à améliorer le niveau des connaissances en droit de la concurrence des entreprises, des agents publics et des citoyens. Néanmoins, les agents de la TCCT ont indiqué qu'à l'avenir, ils prévoyaient de mesurer l'impact de leurs efforts de sensibilisation.

3.1.3. Études de marché

La loi sur la concurrence commerciale confère à la TCCT le pouvoir de réaliser des études de marché pour déterminer et évaluer le fonctionnement des secteurs et formuler des recommandations visant à promouvoir la concurrence[182]. La loi dispose en outre que la TCCT doit publier une base de données sur les marchés susceptibles de faire l'objet d'une monopolisation[183]. Ces activités sont menées par les divisions Structure des marchés de produits de consommation, Structure des marchés de produits de base, et Structure des marchés de services.

Ni la loi sur la concurrence, ni les règlements internes de la TCCT ne définissent clairement les processus ou la méthodologie applicables aux études de marché. Par exemple, on ne trouve aucune orientation relative à la détermination des marchés ou des secteurs qui devraient faire l'objet d'études de marché (selon des critères de pertinence, de barrières à l'entrée ou d'impact pour le consommateur). De même, les procédures de réalisation des études manquent de clarté, notamment sur l'entité compétente pour déclencher une étude de marché et en approuver les conclusions, ainsi que sur les délais applicables et les pouvoirs en la matière (par ex., celui de demander des informations).

Dans plusieurs juridictions membres et non-membres de l'OCDE, l'autorité de la concurrence réalise des études de marché sous une forme ou une autre et a mis au point une méthodologie et un processus pour les mener à bien. En 2018, l'OCDE a publié un Guide sur les études de marché à l'intention des autorités de la concurrence définissant les principales étapes que devrait comprendre une étude de marché : (i) sélection du marché ou du secteur ; (ii) cadrage et planification du projet ; (iii) collecte préliminaire d'informations ; (iv) lancement de l'étude de marché ; (v) choix de la méthodologie ; (vi) nouvelle collecte d'informations ; (vii) analyse ; (viii) résultats visés, rapport et communication ; et (ix) évaluation *ex post* (OCDE, 2018[35]). Le Manuel de bonnes pratiques en matière d'études de marché du RIC, qui complète le guide de l'OCDE, souligne l'importance de rendre publics les conclusions et les résultats des études de marché (ICN, 2016[36]).

Généralement, les études de marché ne font l'objet d'aucune communication publique, même une fois achevées. D'après les agents de la TCCT interrogés par l'OCDE, ces rapports contiennent des informations confidentielles telles que des secrets des affaires qui font obstacle à leur publication. À l'heure de la rédaction du présent document, seules trois études de marché sont disponibles en ligne (sur les secteurs de la bière, des stations de recharge et des véhicules électriques), et une seule contient des informations substantielles sur son contenu, comme la dynamique de la concurrence et des recommandations (TCCT, 2023[37]). L'équipe de l'OCDE n'a pas reçu d'informations substantielles sur d'autres études de marché, bien que les parties prenantes aient indiqué que la TCCT avait eu recours à des consultants pour réaliser des études de ce type par le passé.

En outre, à l'heure où nous rédigeons ces lignes, la TCCT a mené des études et constitué et publié des bases de données portant sur quelques marchés (ceux de la bière et du sucre en poudre), comme le prévoit la loi sur la concurrence commerciale[184].

3.2. Coopération

Une bonne coopération entre l'autorité de la concurrence et les organismes nationaux investis d'un mandat en rapport avec la concurrence, tels que les régulateurs sectoriels et les organes d'élaboration des politiques, est essentielle pour l'efficacité de la politique de la concurrence et de sa mise en œuvre. Ces organismes peuvent en effet non seulement promouvoir la concurrence dans le cadre de leurs propres activités mais également contribuer, par l'apport de leurs connaissances et de leurs compétences, à améliorer les travaux de l'autorité de la concurrence.

La coopération internationale entre autorités de la concurrence de différentes juridictions est également capitale pour la mise en œuvre des principes de concurrence, a fortiori dans une économie de plus en plus mondialisée. Elle peut en effet permettre de traiter des atteintes transfrontières à la concurrence, de réduire les coûts et les délais d'application, et de limiter les risques d'incohérence entre des décisions. La coopération internationale appuie également la mise en œuvre au niveau national grâce à l'échange d'expériences et de connaissances, comme le reconnaît la Recommandation de l'OCDE concernant la coopération internationale dans le cadre des enquêtes et procédures portant sur des affaires de concurrence (OCDE, 2014[38]).

3.2.1. Coopération à l'échelle nationale

La loi sur la concurrence commerciale fait obligation à la TCCT de coopérer avec des entités nationales (en particulier des autorités gouvernementales), notamment en échangeant des informations et en concluant des accords, dans l'objectif de garantir une application efficace du droit[185].

La TCCT a donc noué des protocoles d'accord avec les institutions ci-après :

Tableau 3.1. Protocoles d'accord nationaux

Institution	Date de signature
Commission nationale de la radiodiffusion et des télécommunications (NBTC)	22 septembre 2020
Commission de régulation de l'énergie (ERC)	22 novembre 2021
Institut d'arbitrage thaïlandais (TAI)	10 août 2020
Tribunal de la propriété intellectuelle et du commerce international (IPITC)	14 septembre 2022
Bureau de la promotion des PME (OSMEP)	07 août 2023
Fédération des PME thaïlandaises	05 septembre 2023
Département du commerce intérieur du ministère du Commerce (DIT)	08 juillet 2024

Note : l'accord avec la NBTC est arrivé à expiration en septembre 2023, tandis que celui avec l'ERC expire en novembre 2024.
Source : TCCT, https://www.tcct.or.th/view/1/MoU/TH-TH

Les protocoles d'accord visent à renforcer les liens entre la TCCT et ces institutions en facilitant l'échange d'informations, le partage de connaissances et l'élaboration conjointe de politiques dans le domaine de la concurrence, dans l'objectif de promouvoir les principes de concurrence et de favoriser leur bonne compréhension par leur personnel.

Comme le montre l'expérience au niveau international, les protocoles d'accord entérinent la volonté des autorités d'engager le dialogue et offrent un cadre plus formel à la coopération, sans pour autant garantir que cette volonté sera suivie d'effets en pratique.

Au vu des quelques informations disponibles publiquement, et confirmées par plusieurs parties prenantes au cours de la mission d'enquête de l'OCDE, la coopération nationale en Thaïlande n'en est qu'à ses débuts, même avec les autorités avec lesquelles la TCCT a noué des protocoles d'accord. En pratique, la TCCT et certaines de ces entités (comme la NBTC, l'ERC et l'OSMEP) ont organisé des réunions pour débattre de thèmes d'intérêt commun et ont échangé des informations à quelques occasions.

Ces protocoles d'accord sont en outre limités dans leur durée et, dans certains cas, n'ont pas été immédiatement reconduits. Celui conclu avec la NBTC n'est ainsi plus en vigueur depuis septembre 2023 ; la TCCT a toutefois indiqué qu'il était en passe d'être renouvelé.

Les parties prenantes ont également fait état d'initiatives de coopération informelles, en dehors de tout protocole d'accord. La TCCT a ainsi envoyé des représentants pour participer à des groupes de travail ou des comités au sein du Comité Anti-dumping du Département du commerce intérieur du ministère du Commerce, qui se consacre à des questions touchant aux échanges commerciaux. La TCCT a également échangé des informations avec le Bureau du Conseil national de développement économique et social (NESDB) afin d'intégrer les principes de concurrence dans la stratégie nationale globale. Enfin, des représentants de la TCCT ont assisté à des réunions du Comité de développement économique pour renforcer le soutien aux PME.

L'OCDE n'a pas connaissance d'activités de coopération avec la NACC ou avec le Bureau du Conseil de la protection des consommateurs (OCPB).

3.2.2. Coopération internationale

La loi sur la concurrence commerciale confie à la TCCT la mission de coopérer avec des autorités de la concurrence étrangères ainsi qu'avec des organisations internationales dans le domaine du droit et de la politique de la concurrence, notamment par la signature d'accords[186].

À l'heure de la rédaction du présent rapport, la TCCT n'a signé aucun accord international avec des autorités de la concurrence étrangères.

D'après le peu d'informations fournies à l'équipe de l'OCDE, la Coopération Internationale sur les questions de concurrence est encore naissante en Thaïlande, et principalement axée sur le partage d'expérience et de connaissances ainsi que sur les activités de renforcement des capacités. La TCCT s'est par exemple engagée dans des efforts de coopération bilatérale avec l'Australie, l'Union européenne, le Japon et la Corée, avec qui elle organise des réunions entre présidences, des formations en ligne et des échanges de personnel[187].

On ne trouve aucun effort de coopération significatif sur les questions de mise en œuvre du droit de la concurrence, bien que la TCCT ait fait part de son intention de mener par la suite des activités de ce type.

La Thaïlande est en outre membre de l'Association des nations d'Asie du Sud-Est (ASEAN) depuis 1967[188]. Au vu de l'importance de l'intégration économique, la Zone de libre-échange de l'ASEAN a été créée en 2003, et la Communauté économique de l'ASEAN (AEC) est depuis devenue l'un des piliers de la Communauté de l'ASEAN. L'AEC s'articule autour de quatre objectifs : (i) établir un marché unique et une base productive intégrée, (ii) favoriser une région économique compétitive, (iii) assurer un développement économique équitable et (iv) intégrer pleinement la région à l'économie mondiale (ASEAN, 2024[39]). Pour réaliser ces objectifs, les membres de l'ASEAN négocient actuellement l'Accord-cadre de l'ASEAN sur la concurrence, qui vise à faciliter la coopération transfrontière et la coordination sur les questions de concurrence entre les autorités de la concurrence de l'ASEAN (ASEAN, 2022[40]). La TCCT a participé activement à ces négociations.

La Thaïlande est également membre du partenariat économique régional global (Regional Comprehensive Economic Partnership, RCEP) en vigueur depuis janvier 2022. Cet accord de libre-échange réunit des pays de l'ASEAN et l'Australie, la République populaire de Chine, le Japon, la Corée et la Nouvelle-Zélande. Il comporte un volet consacré à la concurrence, qui définit un cadre de coopération entre les autorités de la concurrence en vue de promouvoir l'application effective du droit de la concurrence, par exemple par le biais de notifications, de discussions, d'échanges d'informations et d'efforts de coordination (DFAT, 2020[41]).

La Thaïlande est également membre de la zone de libre-échange ASEAN-Australie-Nouvelle-Zélande (AANZFTA), effective depuis 2010, qui vise à promouvoir *« une croissance économique durable dans la région en instaurant un marché et des régimes d'investissement plus ouverts, plus favorables et plus transparents entre les douze signataires de l'accord »* (AANZFTA, 2024[42]). Cet accord comprend également un volet de concurrence qui établit un cadre pour la coopération entre autorités de la concurrence, et inclut par exemple l'échange d'expériences et d'informations disponibles publiquement, la participation à des programmes de formation, et l'échange d'agents (AANZFTA, 2009[43]).

En Thaïlande, la TCCT est l'entité responsable de la mise en œuvre des volets de concurrence des ALE susmentionnés mais, à l'heure où nous écrivons ces lignes, elle n'a pris aucune mesure à cet égard.

La TCCT a également noué des relations avec des entités internationales. Par exemple, le Centre du commerce international (ITC) a mis en œuvre le projet ARISE Plus Thaïlande (2020-2023) financé par l'Union européenne, qui a pour objectif de favoriser une croissance des échanges inclusive et durable et la réduction de la pauvreté en Thaïlande, tout en contribuant à l'intégration économique du pays dans la région ASEAN. Le projet a apporté un soutien technique visant à améliorer les capacités du personnel de la TCCT et à renforcer la coopération avec les autorités nationales (CCI, 2024[44]).

La Thaïlande s'est également rapprochée de la Conférence des Nations Unies sur le commerce et le développement (CNUCED), notamment dans le cadre d'un Projet d'assistance technique comprenant (i) une étude de marché sur les agences de voyage international en ligne dans les secteurs de l'accueil et du tourisme en Thaïlande ; (ii) des conseils en droit de la concurrence applicable aux plateformes multifaces de ces secteurs ; et (iii) une formation à l'intention du personnel de la TCCT (TCCT, 2024[45]).

Enfin, la TCCT a coopéré avec l'OCDE à plusieurs reprises. Premièrement, elle a participé à la réunion annuelle du Forum mondial sur la concurrence et aux ateliers du Centre régional de l'OCDE pour la concurrence dans la région Asie-Pacifique à Séoul. Deuxièmement, la Thaïlande a bénéficié d'un Examen de l'OCDE pour l'évaluation de l'impact sur la concurrence consacré au secteur de la logistique (OCDE, 2020[46]), ainsi que d'un Examen de la neutralité concurrentielle sur le marché des services de livraison de petits colis (OCDE, 2020[11]), réalisé dans le cadre du projet « Favoriser la concurrence dans l'ASEAN » par le Secrétariat de l'OCDE et financé par le UK Prosperity Fund. Troisièmement, la Thaïlande bénéficie depuis 2018 d'un Programme-pays de l'OCDE en deux phases, qui comprend un volet concurrence. Pour la première phase du programme pays, six ateliers ont été organisés pour former les agents de la TCCT et d'autres agents thaïlandais sur des questions de concurrence. Un rapport sur les lignes directrices en matière d'opérations de concentration a en outre été établi pour aider la TCCT à élaborer ses propres lignes directrices (OCDE, 2021[32]). La seconde phase du programme suit actuellement son cours ; elle comprend notamment le présent Examen par les pairs ainsi que des activités de formation qui auront lieu en 2025.

4 Recommandations

Ce chapitre rassemble des recommandations concernant le cadre institutionnel et juridique, l'application du droit de la concurrence, ainsi que la promotion de la concurrence et la coopération institutionnelle. Elles proposent des pistes que la Thaïlande pourrait envisager de suivre afin d'améliorer son droit et sa politique de la concurrence.

4.1. Recommandations de la première phase

4.1.1. Champ d'application

- Veiller à ce que toutes les entreprises soient soumises à des règles de concurrence équivalentes, indépendamment de leur structure de propriété, de leur localisation géographique ou de leur forme juridique, et en particulier à ce que :
  - les entreprises publiques exerçant des activités économiques soient soumises au droit de la concurrence ;
  - toutes les entités exerçant des activités économiques, y compris les organisations à but non lucratif, les associations d'entreprises et les sociétés de holding, soient soumises au droit de la concurrence ;
  - le droit de la concurrence revête une portée extraterritoriale afin de pouvoir l'appliquer aux pratiques commerciales ayant lieu à l'extérieur de la Thaïlande et produisant des effets dans le pays.
- Mettre en place un cadre juridique général de la concurrence qui recouvre les règles de fond et les règles procédurales et qui s'applique uniformément à tous les secteurs. Préciser les entités chargées de l'application du droit de la concurrence dans les différents secteurs (à savoir la TCCT ou les régulateurs sectoriels).

4.1.2. Budget, ressources humaines et dispositif institutionnel

- Réaffecter les ressources de la TCCT en réorganisant sa structure institutionnelle et en augmentant les ressources consacrées à l'application du droit de la concurrence.
- Veiller à ce que le budget de la TCCT soit au moins équivalent à celui des juridictions comparables.
- Définir un processus transparent pour la sélection des membres de la TCC, en instaurant des critères propres à garantir qu'ils disposent des compétences nécessaires en droit de la concurrence ou en économie, et en supprimant tout autre critère non pertinent susceptible de restreindre inutilement la liste des candidats potentiels.
- Établir des règles claires et transparentes aux fins de la prévention, de l'identification et de la gestion des conflits d'intérêts importants concernant des agents de la TCCT.
- Envisager de supprimer les sous-commissions d'enquête, en veillant à ce que les enquêtes soient menées uniquement par le personnel de la TCCT.

4.1.3. Transparence et équité procédurale

- Publier les faits (y compris le nom des parties), le fondement juridique et les sanctions pour toutes les décisions, tout en protégeant les informations confidentielles.
- Définir des règles claires aux fins de l'identification et du traitement des informations confidentielles. Les informations confidentielles devraient inclure les informations relevant du secret des affaires et autres informations commercialement sensibles (par ex. les aspects confidentiels des informations concernant les prix, le savoir-faire commercial, les quantités de production, les parts de marché et les stratégies commerciales) ainsi que les informations personnelles sensibles (telles que les numéros de téléphone et adresses privés, les dossiers médicaux ou professionnels), mais pas le nom des entreprises et des personnes physiques visées par l'enquête, ni le principal contenu des décisions.
- Établir des règles procédurales claires pour toutes les enquêtes portant sur des comportements anticoncurrentiels, en précisant ce dont les parties visées par l'enquête doivent être informées et

à quelle étape de la procédure. Ces informations devraient inclure les points de fait et de droit, les préoccupations au regard de la concurrence et les éléments de preuve collectés ou reçus par la TCCT, sous réserve de la protection des informations confidentielles et de celles relevant du secret professionnel.

- Pour les affaires de fusion, établir des règles procédurales claires pour garantir que les parties à l'opération aient la possibilité d'obtenir en temps opportun des informations suffisantes sur les préoccupations au regard de la concurrence suscitées par l'opération ainsi que l'opportunité réelle de répondre à ces préoccupations.
- Mettre en place un mécanisme de recueil des informations et des statistiques relatives aux activités d'application du droit de la TCCT couvrant au moins les cinq dernières années.
- Établir des règles claires en matière de détermination des sanctions, en particulier :
  - élaborer des lignes directrices sur la méthodologie de détermination des sanctions et de calcul des amendes, y compris de celles applicables aux personnes physiques, et pour les infractions s'étalant sur plus d'une année ;
  - veiller à ce que les sanctions soient proportionnées à la gravité de l'infraction ;
  - veiller à ce que les sanctions soient suffisamment dissuasives.

4.1.4. Comportement anticoncurrentiel

- Durcir l'application du droit vis-à-vis des ententes et des abus de position dominante[189].
- Faire en sorte que les ententes injustifiables et les abus de position dominante puissent être sanctionnés par la TCCT selon le régime des infractions administratives.
- Consacrer l'illégalité des ententes injustifiables indépendamment de la preuve d'effets préjudiciables effectifs sur les marchés.
- Préciser que la TCCT peut appliquer l'interdiction légale des soumissions concertées dans les marchés publics.
- Veiller à ce que la liste des pratiques anticoncurrentielles établie par la loi ne soit pas limitative afin que d'autres comportements puissent être considérés comme illicites dès lors qu'ils produisent des effets anticoncurrentiels.
- Veiller à ce que la définition de la position dominante soit fondée sur une analyse au cas par cas des conditions et dynamiques du marché, en tenant compte par exemple de l'entrée potentielle de nouveaux concurrents et de la croissance des concurrents existants, du pouvoir d'achat compensateur, des sources d'approvisionnement alternatives et des barrières à l'entrée. Des seuils des parts de marché pourraient être utilisés pour établir une présomption irréfragable, mais les seuils de chiffre d'affaires devraient être évités dans ce contexte.
- Lors de l'appréciation de l'abus de position dominante, privilégier l'impact du comportement sur la concurrence.

4.1.5. Contrôle des fusions

- Rationaliser le régime de contrôle des fusions, en particulier :
  - envisager de revenir sur le système dual, *ex ante* et *ex post*, du contrôle des fusions en pesant les coûts et les avantages d'un tel système ;
  - veiller à ce que la TCCT dispose des pouvoirs nécessaires pour examiner les opérations de fusion et, en tant que de besoin, les interdire ou les autoriser sous conditions ;
  - veiller à ce que les seuils de notification des opérations de fusion soient clairs et ne reposent pas sur une évaluation de la concurrence. Sur ce point, la circonstance que l'opération

aboutisse à la création d'un monopole ou d'une position dominante ou à une réduction substantielle de la concurrence ne devrait tenir aucune place dans les seuils de notification ;

  - introduire des critères de rattachement local, comme le chiffre d'affaires réalisé dans le pays, dans les seuils de notification, et préciser si le chiffre d'affaires fait référence à l'exercice financier précédent ;
  - abaisser les montants numériques des seuils de notification actuels en tenant compte, entre autres éléments, de la taille de l'économie thaïlandaise et de la plupart des entreprises opérant dans le pays, du nombre moyen d'opérations qui peuvent effectivement être examinées, et de l'expérience d'autres juridictions de situation comparable. Prévoir en outre la révision périodique des niveaux des seuils afin de tenir compte de l'évolution du contexte économique du pays ;
  - définir un test de fond clair pour l'examen des opérations de fusion reposant sur la réduction substantielle de la concurrence, complété par un test fondé sur l'impact sur la structure du marché.
- Permettre à des tierces parties pouvant faire valoir un intérêt légitime au regard de l'opération examinée d'exprimer leur point de vue au cours du processus d'examen.

4.1.6. Efforts de promotion et de sensibilisation aux principes de concurrence

- Adresser des avis au ministère du Commerce, au Cabinet et aux organismes gouvernementaux sur les politiques et les réglementations qui restreignent indûment la concurrence[190].
- Permettre à la TCCT d'adresser des avis au Parlement et à d'autres ministères que celui du Commerce.

4.2. Recommandations de la deuxième phase

4.2.1. Comportement anticoncurrentiel

- Mettre en œuvre des outils de détection des ententes proactifs (par exemple, mise en place d'un filtrage fondé sur des données économiques et d'une veille du secteur) et veiller à ce que toutes les formes de signalements soient recevables.
- Prévoir la mise en œuvre d'un programme de clémence lorsque les mesures de lutte contre les ententes en Thaïlande auront gagné en efficacité.
- Établir des règles claires concernant la procédure de transaction, qui définissent notamment le rôle des procureurs et des tribunaux ainsi que les critères relatifs à la détermination du niveau de réduction des sanctions.
- Permettre à la TCCT de mettre fin à une enquête moyennant des mesures correctives ou des engagements volontaires qui seraient proposés par les parties pour remédier aux préoccupations initiales identifiées par l'organisme.

4.2.2. Contrôle des fusions

- Réviser régulièrement les frais de notification des opérations de fusion.
- Créer une procédure simplifiée pour l'examen des opérations qui ne suscitent pas de préoccupations au regard de la concurrence.
- Envisager d'allonger le délai d'examen des opérations de fusion ou de prévoir des motifs de suspension dudit délai, par exemple lorsque la TCCT demande un complément d'information.
- Élaborer des orientations sur la conception et le suivi des mesures correctives.

4.2.3. Coopération nationale et internationale

- Améliorer la coopération avec d'autres organes gouvernementaux tels que les régulateurs sectoriels, les entités chargées des marchés publics et le Bureau du Conseil de la protection des consommateurs, notamment via des accords de coopération formels facilitant l'échange d'informations, et des canaux de communication directs. Il pourrait être envisagé de mettre en place des échanges de personnel et des groupes de travail conjoints pour les domaines nécessitant une coopération plus approfondie.
- Poursuivre le développement de la coopération technique avec des autorités de la concurrence étrangères et renforcer la participation à des instances internationales telles que l'OCDE (dont le Comité de la concurrence, le Forum mondial sur la concurrence et le Centre régional pour la concurrence dans la région Asie-Pacifique), le Réseau international de la concurrence (RIC) et la Conférence des Nations Unies sur le commerce et le développement (CNUCED).
- Renforcer la coopération internationale en matière d'application du droit de la concurrence, en particulier dans le domaine du contrôle des fusions, au moyen notamment de protocoles d'accord prévoyant, par exemple, des activités d'échange d'informations et d'application conjointe du droit avec d'autres autorités de la concurrence.

Références

AANZFTA (2024), *Overview: The ASEAN-Australia-New Zealand Free Trade Area (AANZFTA)*, https://aanzfta.asean.org/aanzfta-overview. [42]

AANZFTA (2009), *Agreement Establishing the AANZFTA*, https://aanzfta.asean.org/agreement-establishing-the-aanzfta. [43]

Aksorngarn, K. (2024), « Over Twenty Years of Implementation: Reflecting on the Contribution of Thailand's Trade Competition Act with Respect to Merger Control », *Beijing Law Review*, vol. 15, pp. 54-69, https://www.scirp.org/pdf/blr_2024020215482192.pdf. [13]

ASEAN (2024), *About AEC*, https://investasean.asean.org/index.php/page/view/asean-economic-community/view/670/newsid/755/about-aec.html. [39]

ASEAN (2022), *Negotiations for ASEAN Framework Agreement on Competition launched*, https://asean.org/negotiations-for-asean-framework-agreement-on-competition-launched/. [40]

CCI (2024), *Thailand: Trade-Related Assistance (Arise + Thailand)*, https://open.intracen.org/projects/XM-DAC-45001-B873. [44]

Commission européenne (2024), *Procedures in Article 102 Investigations*, https://competition-policy.ec.europa.eu/antitrust-and-cartels/procedures/article-102-investigations_en. [50]

Commission européenne (2024), *Publication of Commission decisions adopted under Regulation (EC) No 1/2003*, https://competition-policy.ec.europa.eu/antitrust-and-cartels/public-versions-commission-decisions_en. [49]

DFAT (2020), *RCEP text*, https://www.dfat.gov.au/trade/agreements/in-force/rcep/rcep-text. [41]

Groupe de la Banque mondiale (2023), *Thaïlande*, https://donnees.banquemondiale.org/pays/thailande. [2]

ICN (2021), *Anti-Cartel Enforcement Manual, Chapter 4: Cartel Case Initiation, Réseau international de la concurrence*, https://internationalcompetitionnetwork.org/wp-content/uploads/2022/01/CWG_ACEM_Case_Initiation_CH4-2021.pdf. [23]

ICN (2020), *2020 ICN Report on Procedural Infringements of Merger Control Proceedings*, https://www.internationalcompetitionnetwork.org/wp-content/uploads/2020/12/MWG-Procedural-Infringement-Report-2020.pdf. [33]

ICN (2016), *Market Studies Good Practice Handbook*, https://www.internationalcompetitionnetwork.org/wp-content/uploads/2018/09/AWG_MktStudiesHandbook.pdf. [36]

ICN (2008), *Setting Notification Thresholds for Merger Review*, https://www.internationalcompetitionnetwork.org/wp-content/uploads/2018/05/MWG_SettingMergerNotificationThresholds.pdf. [30]

Ingen-Housz, C. (2018), *Thailand: Coming into force a new Trade Competition Act, CPI's Asia Column*, https://www.competitionpolicyinternational.com/wp-content/uploads/2018/05/Asia-Column-May-Full.pdf. [8]

OCDE (2024), *Clean Energy Finance and Investment Roadmap of Thailand*, Green Finance and Investment, Éditions OCDE, Paris, https://doi.org/10.1787/d0cd6ffc-en. [4]

OCDE (2024), *Manuel sur la neutralité concurrentielle : Pour des conditions de concurrence équitables*, Éditions OCDE, Paris, https://doi.org/10.1787/88e7c41e-fr. [12]

OCDE (2024), *Tendances de l'OCDE sur la concurrence 2024 (version abrégée)*, Éditions OCDE, Paris, https://doi.org/10.1787/83258053-fr. [47]

OCDE (2023), *OECD Economic Surveys : Thailand 2023*, Éditions OCDE, Paris, https://doi.org/10.1787/4815cb4b-en. [3]

OCDE (2023), *Recommandation du Conseil sur la lutte contre les soumissions concertées dans les marchés publics, OECD/LEGAL/0396*, https://legalinstruments.oecd.org/fr/instruments/OECD-LEGAL-0396. [20]

OCDE (2023), *Tendances de l'OCDE sur la concurrence 2023*, Éditions OCDE, Paris, https://doi.org/10.1787/a6892327-fr. [31]

OCDE (2023), « The Future of Effective Leniency Programmes: Advancing Detection and Deterrence of Cartels », *OECD Roundtables on Competition Policy Papers*, n° 299, Éditions OCDE, Paris, https://doi.org/10.1787/9bc9dd57-en. [25]

OCDE (2021), « Economic Analysis and Evidence in Abuse Cases », *OECD Roundtables on Competition Policy Papers*, n° 269, Éditions OCDE, Paris, https://doi.org/10.1787/63e6d5f0-en. [22]

OCDE (2021), *Recommandation du Conseil sur la neutralité concurrentielle, OECD/LEGAL/0462*, https://legalinstruments.oecd.org/fr/instruments/OECD-LEGAL-0462. [10]

OCDE (2021), *Recommandation du Conseil sur la transparence et l'équité procédurale dans la mise en œuvre du droit de la concurrence, OECD/LEGAL/0465*, https://legalinstruments.oecd.org/fr/instruments/OECD-LEGAL-0465. [15]

OCDE (2021), *Report for Thailand's Office of Trade Competition Commission on Merger Review Competition Law Guidelines*, Éditions OCDE, Paris, https://doi.org/10.1787/469c740d-en. [32]

OCDE (2021), *Thailand Regulatory Management and Oversight Reforms : A Diagnostic Scan*, Examens de l'OCDE de la réforme de la réglementation, Éditions OCDE, Paris, https://doi.org/10.1787/2dbaa2e5-en. [1]

OCDE (2021), « The Concept of Potential Competition », *OECD Roundtables on Competition Policy Papers*, n° 263, Éditions OCDE, Paris, https://doi.org/10.1787/82caa437-en. [21]

OCDE (2020), « Criminalisation of Cartels and Bid Rigging Conspiracies: A Focus on Custodial Sentences », *OECD Roundtables on Competition Policy Papers*, n° 246, Éditions OCDE, Paris, https://doi.org/10.1787/d3c75fb3-en. [18]

OCDE (2020), *OECD Competition Assessment Reviews: Logistics sector in Thailand*, OECD Competition Assessment Reviews, Éditions OCDE, Paris, https://doi.org/10.1787/a2dc2db0-en. [46]

OCDE (2020), *OECD Competitive Neutrality Reviews: Small-package Delivery Services in Thailand*, Examen du droit et de la politique de la concurrence, Éditions OCDE, Paris, https://doi.org/10.1787/bb065f13-en. [11]

OCDE (2019), « Access to the Case File and Protection of Confidential Information », *OECD Roundtables on Competition Policy Papers*, n° 236, Éditions OCDE, Paris, https://doi.org/10.1787/91c55a68-en. [51]

OCDE (2019), *Examen de la Recommandation de 1998 de l'OCDE concernant une action efficace contre les ententes injustifiables*, Éditions OCDE, Paris, https://doi.org/10.1787/084fea00-fr. [24]

OCDE (2019), *Recommandation du Conseil concernant une action efficace contre les ententes injustifiables, OECD/LEGAL/0452*, https://legalinstruments.oecd.org/fr/instruments/OECD-LEGAL-0452. [17]

OCDE (2019), *Recommandation du Conseil sur l'évaluation d'impact sur la concurrence, OECD/LEGAL/0376*, https://legalinstruments.oecd.org/fr/instruments/OECD-LEGAL-0376. [34]

OCDE (2018), *Competition Law in Asia-Pacific : A Guide to Selected Jurisdictions*, Examen du droit et de la politique de la concurrence, Éditions OCDE, Paris, https://doi.org/10.1787/03df1e66-en. [7]

OCDE (2018), *Guide sur les études de marché à l'intention des autorités de la concurrence*, Éditions OCDE, Paris, https://doi.org/10.1787/2ec873ab-fr. [35]

OCDE (2018), « Résumé des discussions de la Table ronde sur les effets suspensifs des notifications de fusion et la réalisation anticipée des opérations (gun jumping) », *OECD Roundtables on Competition Policy Papers*, n° 276, Éditions OCDE, Paris, https://doi.org/10.1787/f1ee76ef-en. [48]

OCDE (2017), « Extraterritorial Reach of Competition Remedies », *OECD Roundtables on Competition Policy Papers*, n° 211, Éditions OCDE, Paris, https://doi.org/10.1787/7fb40c66-en. [14]

OCDE (2016), « Commitment Decisions in Antitrust Cases », *OECD Roundtables on Competition Policy Papers*, n° 190, Éditions OCDE, Paris, https://doi.org/10.1787/bf426e05-en. [27]

OCDE (2016), « Local Nexus and Jurisdictional Thresholds in Merger Control », *OECD Roundtables on Competition Policy Papers*, n° 191, Éditions OCDE, Paris, https://doi.org/10.1787/39e70c71-en. [28]

OCDE (2016), « Sanctions in Antitrust Cases », *OECD Roundtables on Competition Policy Papers*, n° 199, Éditions OCDE, Paris, https://doi.org/10.1787/10c1b129-en. [26]

OCDE (2015), *Compte rendu succinct Projet de compte rendu succinct : annexe au compte rendu succinct de la 123e réunion du Comité de la concurrence des 15-19 juin 2015 - Points clés des tables rondes sur l'évolution institutionnelle des autorités de la concurrence*, https://one.oecd.org/document/DAF/COMP/M(2015)1/ANN9/FINAL/fr/pdf. [16]

OCDE (2014), *Recommandation du Conseil concernant la coopération internationale dans le cadre des enquêtes et procédures portant sur des affaires de concurrence, OECD/LEGAL/0408*, https://legalinstruments.oecd.org/fr/instruments/OECD-LEGAL-0408. [38]

OCDE (2010), « Collusion and Corruption in Public Procurement : Key findings, summary and notes », *OECD Roundtables on Competition Policy Papers*, n° 108, Éditions OCDE, Paris, https://doi.org/10.1787/ef957f70-en. [19]

OCDE (2005), *Recommandation du Conseil sur le contrôle des fusions, OECD/LEGAL/0333*, https://legalinstruments.oecd.org/fr/instruments/OECD-LEGAL-0333. [29]

Poapongsakorn, N. (2002), *The New Competition Law in Thailand: Lessons for Institution Building*, pp. 185-204, https://www.jstor.org/stable/41799117. [6]

TCCT (2024), *History of Trade Competition Act B.E. 2560*, https://www.tcct.or.th/view/1/History_of_Trade_Competition_Act_B.E._2560/EN-US. [5]

TCCT (2024), *Policy and Law Cooperation Program - International Trade Competition Law and Policy Cooperation Program*, https://www.tcct.or.th/view/1/Policy_and_Law_Cooroeration_Program/EN-US. [45]

TCCT (2023), *Charging Station, Final Report*, https://www.tcct.or.th/assets/portals/1/files/report_Charging_Station_Thailand.pdf. [37]

Uremovic, M., S. Srirungruang et P. Taypongsak (2017), *Thailand's New Trade Competition Act*, https://th.rajahtannasia.com/media/2894/2017-08-new-thai-trade-competition-law.pdf. [9]

Notes

[1] Parité de pouvoir d'achat.

[2] Notamment, la loi relative à la fixation des prix et à la lutte contre les monopoles de 1979 (2522 de l'ère bouddhique, ci-après E.B.) qui mettait en place une régulation des prix et incriminait les accords collusoires et autres pratiques anticoncurrentielles. Néanmoins, les dispositions de concurrence n'ont jamais été appliquées en pratique (Poapongsakorn, 2002[6]).

[3] Loi sur la concurrence commerciale de 1999 (2542 E.B.), entrée en vigueur le 30 avril 1999.

[4] Loi sur la concurrence commerciale de 2017 (2560 E.B.), entrée en vigueur le 05 octobre 2017.

[5] Voir https://www.tcct.or.th/view/1/Guideline/EN-US.

[6] Article 5, paragraphe 2 de la loi sur la concurrence commerciale de 2017 (2560 E.B.).

[7] Article 5, paragraphe 3 de la loi sur la concurrence commerciale de 2017 (2560 E.B.).

[8] En vertu de l'article 75 de la Constitution thaïlandaise (2017), « l'État doit promouvoir, soutenir, protéger et stabiliser le système de diverses coopératives, et les petites et moyennes entreprises des personnes et des communautés ».

[9] Article 27, point 11 de la loi sur l'organisme chargé d'attribuer le spectre des fréquences radioélectriques et de réglementer les services de radiodiffusion et de télécommunication de 2010 (2553 E.B.).

[10] Articles 21, 64 et 69 de la loi sur les activités de télécommunication de 2001 (2544 E.B.), Communication de la NTBC sur la définition du marché et sur les marchés pertinents dans les télécommunications de 2014 (2557 E.B.), Communication de la NBTC sur les critères et procédures d'identification des opérateurs détenant un pouvoir de marché significatif dans les télécommunications de 2014 (2557 E.B.), et Communication de la NBTC sur les mesures de prévention des monopoles ou de la concurrence déloyale dans les télécommunications de 2006 (2549 E.B.).

[11] Articles 32 et 67 de la loi sur les entreprises de radiodiffusion et de télévision de 2008 (2551 E.B.), Communication de la NBTC sur les critères de détermination des mesures spécifiques de prévention des pratiques monopolistiques ou de concurrence déloyale dans les secteurs de la radiodiffusion sonore et télévisuelle, B.E. 2014 (2557 E.B.) et Communication de la NBTC sur les critères de détermination des opérateurs en situation de position dominante dans les marchés pertinents des services de radiodiffusion sonore et télévisuelle de 2014 (2557 E.B.).

[12] Communication de la NBTC sur les mesures relatives à l'examen des opérations de fusion dans le secteur des télécommunications de 2018 (2561 E.B.) et Communication de la NBTC sur les mesures relatives à l'examen des opérations de fusion, des participations croisées et des situations de position dominante dans les secteurs de la radiodiffusion sonore et télévisuelle de 2015 (2558 E.B.).

[13] Article 60 de la loi sur le secteur de l'énergie de 2007 (2550 E.B.).

[14] Articles 61, 128 et 135 de la loi sur le secteur de l'énergie de 2007 (2550 E.B.), et Règlement de l'ERC relatif aux critères et aux procédures de détermination des mesures contre les pratiques monopolistiques et les pratiques limitant ou restreignant la concurrence dans le secteur de l'énergie de 2022 (2565 E.B.). L'ERC a également adopté des règlements internes visant à guider son appréciation des pratiques, dont le Règlement relatif aux définitions du marché et l'étendue des marchés de services énergétiques

connexes de 2565 E.B. (2022 E.C.) et le Règlement sur les critères relatifs aux opérateurs en situation de position dominante, 2565 E.B. (2022 E.C.).

[15] Règlement de l'ERC sur les critères et procédures applicables aux opérations de fusion et aux participations croisées dans le secteur de l'énergie de 2022 (2565 E.B.). L'ERC a également adopté des règlements internes visant à appuyer son appréciation des pratiques, dont le Règlement relatif aux définitions du marché et l'étendue des marchés de services énergétiques connexes de 2565 (2022 E.C.) et le Règlement sur les critères relatifs aux opérateurs en situation de position dominante, 2565 (2022 E.C.).

[16] Articles 43 et 73 de la loi sur le secteur des institutions financières de 2008 (2551 E.B.).

[17] Article 14 de la loi sur l'assurance de 1992 (2535 E.B.) et article 13 de la loi sur l'assurance non-vie de 1992 (2535 E.B.).

[18] Articles 6, 27 et 47 de la loi sur la concurrence commerciale.

[19] Article 49, paragraphe 2 de la loi sur la concurrence commerciale. Ces rapports sont disponibles à l'adresse suivante : https://www.tcct.or.th/view/1/performance_report/TH-TH.

[20] Article 29, paragraphe 13 de la loi sur la concurrence commerciale. Les rapports annuels sont disponibles à l'adresse suivante : https://www.tcct.or.th/view/1/performance_report/TH-TH.

[21] Article 17 de la loi sur la concurrence commerciale.

[22] Règlement de la TCC relatif à la structure et à la répartition des travaux/tâches/compétences au sein de la TCCT de 2018 (2561 E.B.).

[23] Articles 30 et 37 de la loi sur la concurrence commerciale.

[24] Article 20 de la loi sur la concurrence commerciale.

[25] Article 21 de la loi sur la concurrence commerciale.

[26] Article 13 de la loi sur la concurrence commerciale.

[27] Article 7 de la loi sur la concurrence commerciale.

[28] En vertu de l'article 11 de la loi sur la concurrence commerciale, les membres du comité de sélection sont : (i) le Secrétaire permanent du ministère des Finances ; (ii) le Secrétaire permanent du ministère de l'Agriculture et des Coopératives ; (iii) le Secrétaire permanent du ministère du Commerce ; (iv) le Secrétaire permanent du ministère de la Justice ; (v) le Secrétaire permanent du ministère de l'Industrie ; (vi) le Secrétaire général du Conseil national de développement économique et social ; (vi) le Secrétaire général du Conseil de la protection des consommateurs ; (viii) le président de la Chambre de commerce thaïlandaise ; et (ix) le président de la Fédération des industries thaïlandaises.

[29] Article 12 de la loi sur la concurrence commerciale et règlements ministériels relatifs à la Sélection des membres de la Commission de la concurrence commerciale de 2018 (2561 E.B.).

[30] Articles 8, 9 et 10 de la loi sur la concurrence commerciale.

[31] Article 14 de la loi sur la concurrence commerciale.

[32] Articles 31 et 34 de la loi sur la concurrence commerciale.

[33] Article 31 de la loi sur la concurrence commerciale.

[34] Articles 32 et 33 de la loi sur la concurrence commerciale.

[35] Article 36 de la loi sur la concurrence commerciale.

[36] Articles 16 et 43 de la loi sur la concurrence commerciale.

[37] Article 38, point 1 de la loi sur la concurrence commerciale.

[38] Article 41 de la loi sur la concurrence commerciale. Une seule exception est prévue, lorsque le Secrétaire général est actionnaire dans le cadre d'un investissement de bonne foi dans une société à responsabilité limitée ou une société ouverte à responsabilité limitée qui ont agi en situation de conflit d'intérêts, sous réserve que sa participation dans la société n'excède pas un pourcentage défini par les règles de la TCC.

[39] Article 4, point 4 du Code de déontologie du personnel de la TCCT.

[40] Article 47 de la loi sur la concurrence commerciale.

[41] L'annexe à la loi sur la concurrence commerciale prévoit les montants suivants : (i) notification préalable d'une opération de fusion : 250 000 THB (environ 6 525 EUR) ; (ii) demande d'examen en application de l'article 59 : 50 000 THB (environ 1 035 EUR) ; et (iii) copie ou certification de copies de décisions de la TCC en application de l'article 52 (décision portant sur une opération de fusion), de l'article 59 (consultation relative à un comportement) et de l'article 60 (mesures provisoires) : 100 THB (environ 2.60 EUR) la page.

[42] Article 46 de la loi sur la concurrence commerciale.

[43] Dépenses budgétaires pour l'exercice fiscal 2567 d'autres organismes gouvernementaux.

[44] La base de données CompStats de l'OCDE réunit des statistiques générales liées à 77 juridictions membres et non membres de l'OCDE. Les informations de la base de données CompStats sont présentées de manière synthétique dans la publication intitulée Tendances de l'OCDE sur la concurrence (OCDE, 2024[47]).

[45] Par exemple, près des trois quarts des synthèses des décisions publiées sur la page Internet de la TCCT entre 2019 et 2024 portent sur des pratiques commerciales déloyales (disponibles à l'adresse (disponibles à l'adresse https://www.tcct.or.th/view/1/verdict/TH-TH).

[46] Article 17, paragraphe 13 de la loi sur la concurrence commerciale.

[47] De même que les pratiques commerciales déloyales.

[48] Articles 54, 55 et 58 de la loi sur la concurrence commerciale.

[49] Article 5 de la Communication de la TCC sur les lignes directrices relatives à l'évaluation des pratiques concertées d'entreprises ayant pour effet de créer un monopole ou de réduire ou de restreindre la concurrence sur un marché de 2018 (2561 E.B.).

[50] Par exemple, si le comportement réduit le nombre de concurrents ou la quantité d'un produit ou d'un service (article 6 de la Communication de la TCC sur les lignes directrices relatives à l'évaluation des pratiques concertées d'entreprises ayant pour effet de créer un monopole ou de réduire ou de restreindre la concurrence sur un marché de 2018 (2561 E.B.)).

[51] Par exemple, si le comportement restreint le droit ou la possibilité pour les concurrents de vendre des produits ou des services (article 7 de la Communication de la TCC sur les lignes directrices relatives à l'évaluation des pratiques concertées d'entreprises ayant pour effet de créer un monopole ou de réduire ou de restreindre la concurrence sur un marché de 2018 (2561 E.B.)).

[52] Articles 6 et 7 de la Communication de la TCC sur les lignes directrices relatives à l'évaluation des pratiques concertées d'entreprises ayant pour effet de créer un monopole ou de réduire ou de restreindre la concurrence sur un marché de 2018 (2561 E.B.).

[53] Ces pratiques sont présentées plus en détail à l'article 8 de la Communication de la TCC sur les lignes directrices relatives à l'évaluation des pratiques concertées d'entreprises ayant pour effet de créer un monopole ou de réduire ou de restreindre la concurrence sur un marché de 2018 (2561 E.B.).

[54] Article 54, paragraphe 2 de la loi sur la concurrence commerciale et article 9 de la Communication de la TCC sur les lignes directrices relatives à l'évaluation des pratiques concertées d'entreprises ayant pour effet de créer un monopole ou de réduire ou de restreindre la concurrence sur un marché de 2018 (2561 E.B.). Deux ou plusieurs opérateurs sont considérés comme appartenant à une seule et même entité économique s'ils sont soumis aux contrôles d'un même détenteur du pouvoir de contrôle. Un opérateur détient un pouvoir de contrôle s'il possède plus de 50 % des parts dans un autre opérateur commercial assorties des droits de vote correspondants ; s'il contrôle directement ou indirectement la majorité des droits de vote aux assemblées d'actionnaires d'un opérateur commercial ; ou s'il a la faculté de nommer ou de révoquer au moins la moitié des administrateurs d'un opérateur commercial (Communication de la TCC sur les règles relatives à l'appréciation des entreprises relevant d'une politique commune ou d'un contrôle commun de 2018 (2561 E.B.).

[55] Article 72 de la loi sur la concurrence commerciale.

[56] Voir https://www.tcct.or.th/view/1/verdict/TH-TH.

[57] Loi sur les infractions relatives à la soumission d'offres aux organismes étatiques de 1999 (2542 E.B.).

[58] Ces pratiques sont présentées plus en détail à l'article 10 de la Communication de la TCC sur les lignes directrices relatives à l'évaluation des pratiques concertées d'entreprises ayant pour effet de créer un monopole ou de réduire ou de restreindre la concurrence sur un marché de 2018 (2561 E.B.).

[59] Article 56 de la loi sur la concurrence commerciale et articles 11 et 12 de la Communication de la TCC sur les lignes directrices relatives à l'évaluation des pratiques concertées d'entreprises ayant pour effet de créer un monopole ou de réduire ou de restreindre la concurrence sur un marché de 2018 (2561 E.B.). La TCCT peut également interdire, par voie de règlement interne, d'autres types d'accords non couverts par les interdictions de l'article 55 de la loi sur la concurrence commerciale (article 56, point 4 de la loi sur la concurrence commerciale), bien qu'elle ne l'ait jamais fait jusqu'à présent.

[60] Article 82 de la loi sur la concurrence commerciale.

[61] Article 72 de la loi sur la concurrence commerciale.

[62] Article 5, paragraphe 6 de la loi sur la concurrence commerciale et article 3 de la Communication de la TCC sur les Lignes directrices relatives à la définition du marché et au calcul des parts de marché de 2018 (2561 E.B.).

[63] Article 5 de la Communication de la TCC sur les Lignes directrices relatives à la définition du marché et au calcul des parts de marché de 2018 (2561 E.B.).

[64] Article 6 et articles 10 à 12 de la Communication de la TCC sur les Lignes directrices relatives à la définition du marché et au calcul des parts de marché de 2018 (2561 E.B.).

[65] Article 7 et article 13 de la Communication de la TCC sur les Lignes directrices relatives à la définition du marché et au calcul des parts de marché de 2018 (2561 E.B.).

[66] Article 8 et article 14 de la Communication de la TCC sur les Lignes directrices relatives à la définition du marché et au calcul des parts de marché de 2018 (2561 E.B.).

[67] Article 3, point 1 de la Communication de la TCCT sur les critères visant à établir si une entreprise détient une position dominante de 2020 (2563 E.B.).

[68] Article 3, point 2 et paragraphe 1 de la Communication de la TCCT sur les critères visant à établir si une entreprise détient une position dominante de 2020 (2563 E.B.).

[69] Article 4 de la Communication de la TCCT sur les critères visant à établir si une entreprise détient une position dominante de 2020 (2563 E.B.) et Communication de la TCC sur les règles relatives à l'appréciation des entreprises relevant d'une politique commune ou d'un contrôle commun de 2018 (2561 E.B.).

[70] Article 15 de la Communication de la TCC sur les Lignes directrices pour la définition du marché et le calcul des parts de marché de 2018 (2561 E.B.).

[71] Article 5, paragraphe 7 de la loi sur la concurrence commerciale.

[72] Ce seuil est par exemple de 40 % dans l'Union européenne (Commission européenne, 2024[50]).

[73] Communication de la TCC sur les lignes directrices relatives à l'appréciation des pratiques des entreprises en situation de position dominante de 2018 (2561 E.B.).

[74] Articles 5 et 6 de la Communication de la TCC sur les lignes directrices relatives à l'appréciation des pratiques des entreprises en situation de position dominante de 2018 (2561 E.B.). Ses articles 7 et 8 visent en outre des comportements très larges qui pourraient englober d'autres pratiques unilatérales non citées aux articles 5 et 6.

[75] Article 9 de la Communication de la TCC sur les lignes directrices relatives à l'appréciation des pratiques des entreprises en situation de position dominante de 2018 (2561 E.B.).

[76] Disponible aux adresses suivantes : https://www.tcct.or.th/assets/portals/1/files/EnergyDrinkCase1.pdf et https://www.tcct.or.th/assets/portals/1/files/EnergyDrinkCase2.pdf

[77] Articles 8-11 du Règlement de la TCC relatif aux plaintes, enquêtes et procédures en matière de poursuites pénales ou administratives de 2019 (2562 E.B.).

[78] Articles 12 à 14 du Règlement de la TCC relatif aux plaintes, enquêtes et procédures en matière de poursuites pénales ou administratives de 2019 (2562 E.B.).

[79] Si le seuil de parts de marché requis n'est pas atteint, la TCCT peut ouvrir une enquête pour pratiques commerciales déloyales.

[80] Article 13 du Règlement de la TCC relatif aux plaintes, enquêtes et procédures en matière de poursuites pénales ou administratives de 2019 (2562 E.B.).

[81] Article 15 du Règlement de la TCC relatif aux plaintes, enquêtes et procédures en matière de poursuites pénales ou administratives de 2019 (2562 E.B.).

[82] Un sous-comité peut être constitué avec pour mission spécifique de définir le marché en cause dans une affaire particulière (article 20 de la loi sur la concurrence commerciale).

[83] Article 15 du Règlement de la TCC relatif aux plaintes, enquêtes et procédures en matière de poursuites pénales ou administratives de 2019 (2562 E.B.).

[84] Article 16 du Règlement de la TCC relatif aux plaintes, enquêtes et procédures en matière de poursuites pénales ou administratives de 2019 (2562 E.B.).

[85] Article 21, paragraphe 1 de la loi sur la concurrence commerciale, et articles 16 à 19 du Règlement de la TCC relatif aux plaintes, enquêtes et procédures en matière de poursuites pénales ou administratives de 2019 (2562 E.B.).

[86] Article 35 du Règlement de la TCC relatif aux plaintes, enquêtes et procédures en matière de poursuites pénales ou administratives de 2019 (2562 E.B.).

[87] Article 36 du Règlement de la TCC relatif aux plaintes, enquêtes et procédures en matière de poursuites pénales ou administratives de 2019 (2562 E.B.).

[88] Article 21, paragraphe 2 de la loi sur la concurrence commerciale, et articles 21, 37 et 41 du Règlement de la TCC relatif aux plaintes, enquêtes et procédures en matière de poursuites pénales ou administratives de 2019 (2562 E.B.). Ces pouvoirs d'enquête sont également encadrés par le Code de procédure pénale (en particulier ses articles 132 et 133).

[89] Article 21, paragraphe 2 de la loi sur la concurrence commerciale.

[90] Article 43 du Règlement de la TCC relatif aux plaintes, enquêtes et procédures en matière de poursuites pénales ou administratives de 2019 (2562 E.B.), tel que modifié par l'article 5 du Règlement de la TCC relatif aux plaintes, enquêtes et procédures en matière de poursuites pénales ou administratives (n° 3) de 2020 (2566 E.B.).

[91] Article 22, point 1, et article 26 du Règlement de la TCC relatif aux plaintes, enquêtes et procédures en matière de poursuites pénales ou administratives de 2019 (2562 E.B.).

[92] Article 31, 32 et 44 du Règlement de la TCC relatif aux plaintes, enquêtes et procédures en matière de poursuites pénales ou administratives de 2019 (2562 E.B.).

[93] Articles 33 et 45 du Règlement de la TCC relatif aux plaintes, enquêtes et procédures en matière de poursuites pénales ou administratives de 2019 (2562 E.B.).

[94] Article 25 de la loi sur la concurrence commerciale.

[95] Article 63, paragraphe 1, point 2 de la loi sur la concurrence commerciale.

[96] Article 63, paragraphe 2 de la loi sur la concurrence commerciale.

[97] Article 39 du Règlement du Président de la Cour suprême relatif aux critères et aux procédures de délivrance des ordonnances ou des mandats en matière pénale, B.E. 2005 (2548 E.B.).

[98] Article 74 de la loi sur la concurrence commerciale.

[99] Article 63, paragraphe 1, point 1 de la loi sur la concurrence commerciale.

[100] Article 27, paragraphe 2 du Règlement de la TCC relatif aux plaintes, enquêtes et procédures en matière de poursuites pénales ou administratives de 2019 (2562 E.B.).

[101] Article 73 de la loi sur la concurrence commerciale.

[102] Article 17 point 9 et articles 80 à 85 de la loi sur la concurrence commerciale, et articles 34 et 46 du Règlement de la TCC relatif aux plaintes, enquêtes et procédures en matière de poursuites pénales ou administratives de 2019 (2562 E.B.).

[103] Article 26 et articles 71 à 79 de la loi sur la concurrence commerciale.

[104] Article 60 de la loi sur la concurrence commerciale et Règlement de la TCC sur les lignes directrices, les procédures, les conditions et les délais d'exécution des injonctions faites aux opérateurs commerciaux en vertu de l'article 60 de la loi sur la concurrence commerciale de 2019 (2562 E.B.).

[105] Article 7 du Règlement de la TCC sur les lignes directrices, les procédures, les conditions et les délais d'exécution des injonctions faites aux opérateurs commerciaux en vertu de l'article 60 de la loi sur la concurrence commerciale de 2019 (2562 E.B.).

[106] Articles 60, paragraphe 3, et 61 de la loi sur la concurrence commerciale.

[107] Article 62 de la loi sur la concurrence commerciale.

[108] La TCC a toutefois adopté une mesure provisoire dans une affaire de pratiques déloyales, mais son ordonnance a été annulée par le Tribunal administratif central, qui a considéré que les exigences légales n'étaient pas satisfaites.

[109] Les sanctions pour violation des règles applicables aux opérations de fusion sont abordées à la section 2.4.5 ci-après.

[110] Articles 77 et 84 de la loi sur la concurrence commerciale.

[111] Article 72 de la loi sur la concurrence commerciale.

[112] Article 4 de la loi sur les infractions relatives à la soumission d'offres aux organismes étatiques de 1999 (2542 E.B.).

[113] Article 82 de la loi sur la concurrence commerciale.

[114] Articles 72, paragraphe 2, et 82 de la loi sur la concurrence commerciale.

[115] L'article 85 de la loi sur la concurrence commerciale indique uniquement que la TCC doit tenir compte de la gravité de l'infraction pour déterminer le montant des amendes administratives. En outre, la TCCT a adopté des règlements internes portant sur le calcul des sanctions pécuniaires dans le cadre de la procédure de transaction, comme évoqué ci-dessous.

[116] Article 73 de la loi sur la concurrence commerciale.

[117] Article 74 de la loi sur la concurrence commerciale.

[118] Article 75 de la loi sur la concurrence commerciale.

[119] Article 76 de la loi sur la concurrence commerciale.

[120] Article 83 de la loi sur la concurrence commerciale.

[121] Article 85, paragraphe 2 de la loi sur la concurrence commerciale.

[122] Article 79 de la loi sur la concurrence commerciale et Communication de la TCC sur les règles, les procédures et les conditions de transaction pécuniaire de 2019 (2562 E.B.).

[123] Article 3, paragraphe 3 de la Communication de la TCC sur les règles, les procédures et les conditions de transaction pécuniaire de 2019 (2562 E.B.).

[124] Article 2, paragraphe 2 et article 3 de la Communication de la TCC sur les règles, les procédures et les conditions de transaction pécuniaire de 2019 (2562 E.B.).

[125] Article 5 de la Communication de la TCC sur les règles, les procédures et les conditions de transaction pécuniaire de 2019 (2562 E.B.).

[126] Article 4 de la Communication de la TCC sur les règles, les procédures et les conditions de transaction pécuniaire de 2019 (2562 E.B.).

[127] Article 79 de la loi sur la concurrence commerciale.

[128] Article 3, paragraphes 2 et 4 de la Communication de la TCC sur les règles, les procédures et les conditions de transaction pécuniaire de 2019 (2562 E.B.).

[129] Voir https://www.tcct.or.th/view/1/verdict/TH-TH.

[130] Loi sur les informations officielles de 1997 (2540 E.B.).

[131] En vertu de l'article 15 du Règlement de la TCC relatif à la divulgation d'informations de la TCCT de 2022 (2565 E.B.), les décisions administratives ne doivent pas être communiquées si leur divulgation risque de causer un préjudice aux parties. En outre, dans les affaires pénales, les décisions ne sont communiquées qu'aux parties mises en cause et à celles qui sont directement concernées.

[132] Bien que la définition des informations confidentielles varie suivant les juridictions, elle recouvre généralement les informations relevant du secret des affaires et autres données sensibles sur le plan commercial, les informations personnelles sensibles (telles que les numéros de téléphone et adresses privés, les dossiers médicaux et professionnels), les informations touchant à la sécurité nationale, et les informations qui ne peuvent être divulguées en raison d'obligations découlant du droit international (OCDE, 2019[51]).

[133] C'est ce que fait notamment la Commission européenne (Commission européenne, 2024[49]).

[134] La date de l'opération correspond à : (i) la date à laquelle un opérateur commercial se maintient tandis qu'un autre cesse d'exister ; ou (iii) la date à laquelle intervient le transfert de propriété des actifs (article 3, paragraphe 4 de la Communication de la TCC sur les règles, les procédures et les conditions de notification des opérations de fusion de 2018 (2561 E.B.).

[135] Communication de la TCC sur les critères relatifs à l'examen de l'acquisition d'actifs ou de parts en vue de contrôler la politique, l'administration, la direction ou la gestion réputée constituer une opération de fusion de 2018 (2561 E.B.).

[136] Article 4, paragraphe 3 de la Communication de la TCC sur les critères relatifs à l'examen de l'acquisition d'actifs ou de parts en vue de contrôler la politique, l'administration, la direction ou la gestion réputée constituer une opération de fusion de 2018 (2561 E.B.).

[137] Article 51, paragraphe 6 de la loi sur la concurrence commerciale et Communication de la TCC sur les règles relatives à l'appréciation des entreprises relevant d'une politique commune ou d'un contrôle commun de 2018 (2561 E.B.).

[138] Communication de la TCCT sur les règles, les procédures et les conditions de notification des opérations de fusion de 2018 (2561 E.B.).

[139] Article 51, paragraphe 2 de la loi sur la concurrence commerciale.

[140] Article 3, paragraphe 3 de la Communication de la TCCT sur les règles, les procédures et les conditions de notification des opérations de fusion de 2018 (2561 E.B.).

[141] Article 3, point 1 de la Communication de la TCCT sur les critères visant à établir si une entreprise détient une position dominante de 2020 (2563 E.B.).

[142] Article 3, point 2 et paragraphe 1 de la Communication de la TCCT sur les critères visant à établir si une entreprise détient une position dominante de 2020 (2563 E.B.).

[143] Article 51, paragraphe 1 de la loi sur la concurrence commerciale.

[144] Article 3, paragraphe 1 de la Communication de la TCCT sur les règles, les procédures et les conditions de notification des opérations de fusion de 2018 (2561 E.B.).

[145] Article 51, paragraphe 5 de la loi sur la concurrence commerciale et Communication de la TCCT sur les règles, les procédures et les conditions d'approbation des opérations de fusion de 2018 (2561 E.B.).

[146] https://www.tcct.or.th/view/1/business_combination/TH-TH

[147] Article 6 de la Communication de la TCCT sur les règles, les procédures et les conditions d'approbation des opérations de fusion de 2018 (2561 E.B.). Les notifications *ex post* doivent également être effectuées à l'aide du formulaire fourni par la TCCT, mais les exigences documentaires sont simplifiées par rapport aux notifications *ex ante* (article 5 de la Communication de la TCCT sur les règles, les procédures et les conditions de notification des opérations de fusion de 2018 (2561 E.B.).

[148] Annexe à la loi sur la concurrence commerciale.

[149] Article 52, paragraphe 1 de la loi sur la concurrence commerciale.

[150] Article 9, points 2 et 3 de la Communication de la TCCT sur les règles, les procédures et les conditions d'approbation des opérations de fusion de 2018 (2561 E.B.).

[151] Article 52, paragraphe 4 de la loi sur la concurrence commerciale et article 10, paragraphe 3 de la Communication de la TCCT sur les règles, les procédures et les conditions d'approbation des opérations de fusion de 2018 (2561 E.B.).

[152] Article 52, paragraphe 5 de la loi sur la concurrence commerciale et article 10, paragraphe 3, et article 11 de la Communication de la TCCT sur les règles, les procédures et les conditions d'approbation des opérations de fusion de 2018 (2561 E.B.).

[153] D'après la TCCT, l'examen des notifications a posteriori prend en moyenne 148 jours, l'affaire la plus longue s'étant étalée sur 342 jours.

[154] Article 52, paragraphe 2 de la loi sur la concurrence commerciale.

[155] Article 6 de la Communication de la TCCT sur les règles, les procédures et les conditions d'approbation des opérations de fusion de 2018 (2561 E.B.).

[156] La définition des marchés en cause a été abordée à la section 2.2.1.

[157] Article 52, paragraphe 3 de la loi sur la concurrence commerciale et article 10, paragraphe 2 de la Communication de la TCCT sur les règles, les procédures et les conditions d'approbation des opérations de fusion de 2018 (2561 E.B.).

[158] Article 53, paragraphe 2 de la loi sur la concurrence commerciale et article 12, paragraphe 2 de la Communication de la TCCT sur les règles, les procédures et les conditions d'approbation des opérations de fusion de 2018 (2561 E.B.).

[159] Article 81 de la loi sur la concurrence commerciale.

[160] Comme mentionné plus haut, cette pratique suit la loi sur les informations officielles de 1997 (2540 E.B.) et le Règlement de la TCC relatif à la divulgation d'informations de la TCCT de 2022 (2565 E.B.).

[161] Ces deux infractions correspondent à la pratique de *gun jumping*, ou « mise en œuvre anticipée » (OCDE, 2018[48]).

[162] Article 81 de la loi sur la concurrence commerciale.

[163] Article 80 de la loi sur la concurrence commerciale.

[164] Article 9, paragraphe 1, point 3 et article 11 de la loi portant établissement des juridictions administratives et de la procédure administrative contentieuse de 1999 (2542 E.B.).

[165] Article 42 de la loi portant établissement des juridictions administratives et de la procédure administrative contentieuse de 1999 (2542 E.B.).

[166] Article 49 de la loi portant établissement des juridictions administratives et de la procédure administrative contentieuse de 1999 (2542 E.B.). Si la partie a exercé un recours administratif, le délai de 90 jours court à compter de la date d'exercice du recours.

[167] Article 52, paragraphe 5, et article 60, paragraphe 3 de la loi sur la concurrence commerciale.

[168] Article 73 de la loi portant établissement des juridictions administratives et de la procédure administrative contentieuse de 1999 (2542 E.B.).

[169] Article 69 de la loi sur la concurrence commerciale.

[170] Article 26 de la loi sur la concurrence commerciale.

[171] Article 70 de la loi sur la concurrence commerciale.

[172] Loi sur les informations officielles de 1997 (2540 E.B.) et au Règlement de la TCC relatif à la divulgation d'informations de la TCCT de 2022 (2565 E.B.).

[173] Article 17, points 3, 11 et 12, et article 29, points 3, 4 et 9 de la loi sur la concurrence commerciale.

[174] Article 17, points 11 et 12 et article 29, point 3 de la loi sur la concurrence commerciale.

[175] Ont notamment été citées des recommandations à l'AOT (Airports of Thailand Public Company Limited) en 2019 sur le processus de sélection des fournisseurs des entreprises de vente au détail en franchise de taxes et sur la gestion des activités commerciales au sein des terminaux de passagers. La TCCT a recommandé à l'AOT d'envisager de permettre aux PME de participer au processus de sélection et de veiller à ce qu'aucune entité privée spécifique ne soit favorisée. En 2019 également, la TCCT a adressé des recommandations à la Bangkok Metropolitan Administration (BMA) portant sur sa décision de limiter la gestion et l'exploitation du réseau souterrain de télécommunications de Bangkok à une seule entité privée ce qui, de l'avis de la TCCT, avait pour effet de restreindre la concurrence en limitant le choix du consommateur et en portant les prix à la hausse.

[176] Article 29, point 9 de la loi sur la concurrence commerciale.

[177] Par exemple, https://www.instagram.com/tcct.thailand/, https://www.youtube.com/@tcct.thailand/videos et https://www.linkedin.com/company/tccthailand

[178] Disponible à l'adresse https://www.tcct.or.th/view/1/activity/seminar/1318/TH-TH

[179] Disponible à l'adresse https://www.tcct.or.th/view/1/activity/seminar/1448/TH-TH

[180] Disponible à l'adresse https://www.tcct.or.th/view/1/activity/seminar/1854/TH-TH

[181] Disponible à l'adresse https://elearning.tcct.or.th/

[182] Article 29, point 3 de la loi sur la concurrence commerciale.

[183] Article 29, point 4 de la loi sur la concurrence commerciale.

[184] Disponible à l'adresse https://www.tcct.or.th/view/1/verdict/TH-TH

[185] Article 29, points 8 et 10 de la loi sur la concurrence commerciale.

[186] Article 29, point 8 de la loi sur la concurrence commerciale.

[187] Par exemple, en 2021, la TCCT et la Commission japonaise des pratiques commerciales loyales (JFTC) ont organisé des webinaires pour échanger sur leur expérience et leurs connaissances. De plus, en 2022, la TCCT et le ministère australien des Affaires étrangères et du Commerce et la Commission australienne de la concurrence et des consommateurs (ACCC) ont créé le Programme de mise en œuvre du droit de

la concurrence Thaïlande-Australie, qui comprenait des formations à l'intention du personnel de la TCCT (TCCT, 2024[45]).

188 Les autres membres de l'ASEAN sont le Brunei Darussalam, le Cambodge, l'Indonésie, la Malaisie, le Myanmar, les Philippines, la République démocratique populaire lao, Singapour et le Viet Nam.

189 Bien que l'OCDE n'ait pas pu obtenir le nombre précis de décisions d'infraction, elle s'est vu confirmer qu'il était très faible.

190 Bien que l'OCDE n'ait pas pu obtenir le nombre précis d'avis formulés, elle s'est vu confirmer qu'il était très faible.

www.ingramcontent.com/pod-product-compliance
Lightning Source LLC
LaVergne TN
LVHW082048051026
849532LV00011B/3520